心一堂術數古籍珍本叢刊

書名：巒頭指迷（上）
系列：心一堂術數古籍珍本叢刊　堪輿類　第二輯　168
作者：【清】尹貞夫原著、【民國】何廷珊增訂、批注
主編、責任編輯：陳劍聰
心一堂術數古籍珍本叢刊編校小組：陳劍聰　素聞　梁松盛　鄒偉才　虛白盧主

出版：心一堂有限公司
通訊地址：香港九龍旺角彌敦道六一〇號荷李活商業中心十八樓〇五—〇六室
深港讀者服務中心．中國深圳市羅湖區立新路六號羅湖商業大廈負一層〇〇八室
電話號碼：(852)67150840
網址：publish.sunyata.cc
電郵：sunyatabook@gmail.com
網店：http://book.sunyata.cc
淘寶店地址：https://shop210782774.taobao.com
微店地址：https://weidian.com/s/1212826297
臉書：https://www.facebook.com/sunyatabook
讀者論壇：http://bbs.sunyata.cc/

版次：二零一六年四月初版
平裝：兩冊不分售

定價：港幣　五百八十元正
人民幣　五百八十元正
新台幣　兩千六百八十元正

國際書號：ISBN 978-988-8317-17-2

香港發行：香港聯合書刊物流有限公司
地址：香港新界大埔汀麗路36號中華商務印刷大廈3樓
電話號碼：(852)2150-2100
傳真號碼：(852)2407-3062
電郵：info@suplogistics.com.hk

台灣發行：秀威資訊科技股份有限公司
地址：台灣台北市內湖區瑞光路七十六巷六十五號一樓
電話號碼：+886-2-2796-3638
傳真號碼：+886-2-2796-1377
網絡書店：www.bodbooks.com.tw
台灣國家書店讀者服務中心：
地址：台灣台北市中山區松江路二〇九號一樓
電話號碼：+886-2-2518-0207
傳真號碼：+886-2-2518-0778
網絡書店：http://www.govbooks.com.tw

中國大陸發行　零售：深圳心一堂文化傳播有限公司
深圳地址：深圳市羅湖區立新路六號羅湖商業大廈負一層〇〇八室
電話號碼：(86)0755-82224934

心一堂微店二維碼

心一堂淘寶店二維碼

心一堂術數古籍 珍本 整理 叢刊 總序

術數定義

術數，大概可謂以「推算（推演）、預測人（個人、群體、國家等）、事、物、自然現象、時間、空間方位等規律及氣數，並或通過種種『方術』，從而達致趨吉避凶或某種特定目的」之知識體系和方法。

術數類別

我國術數的內容類別，歷代不盡相同，例如《漢書・藝文志》中載，漢代術數有六類：天文、曆譜、五行、蓍龜、雜占、形法。至清代《四庫全書》，術數類則有：數學、占候、相宅相墓、占卜、命書、相書、陰陽五行、雜技術等，其他如《後漢書・方術部》、《藝文類聚・方術部》、《太平御覽・方術部》等，對於術數的分類，皆有差異。古代多把天文、曆譜、及部分數學均歸入術數類，而民間流行亦視傳統醫學作為術數的一環；此外，有些術數與宗教中的方術亦往往難以分開。現代民間則常將各種術數歸納為五大類別：命、卜、相、醫、山，通稱「五術」。

本叢刊在《四庫全書》的分類基礎上，將術數分為九大類別：占筮、星命、相術、堪輿、選擇、三式、讖諱、理數（陰陽五行）、雜術（其他）。而未收天文、曆譜、算術、宗教方術、醫學。

術數思想與發展——從術到學，乃至合道

我國術數是由上古的占星、卜筮、形法等術發展下來的。其中卜筮之術，是歷經夏商周三代而通過「龜卜、蓍筮」得出卜（筮）辭的一種預測（吉凶成敗）術，之後歸納並結集成書，此即現傳之《易

經》。經過春秋戰國至秦漢之際，受到當時諸子百家的影響、儒家的推崇，遂有《易傳》等的出現，原本是卜筮術書的《易經》，被提升及解讀成有包涵「天地之道（理）」之學。因此，《易．繫辭傳》曰：「易與天地準，故能彌綸天地之道。」

漢代以後，易學中的陰陽學說，與五行、九宮、干支、氣運、災變、律曆、卦氣、讖緯、天人感應說等相結合，形成易學中象數系統。而其他原與《易經》本來沒有關係的術數，如占星、形法、選擇，亦漸漸以易理（象數學說）為依歸。《四庫全書．易類小序》云：「術數之興，多在秦漢以後。要其旨，不出乎陰陽五行，生尅制化。實皆《易》之支派，傳以雜說耳。」至此，術數可謂已由「術」發展成「學」。

及至宋代，術數理論與理學中的河圖洛書、太極圖、邵雍先天之學及皇極經世等學說給合，通過術數以演繹理學中「天地中有一太極，萬物中各有一太極」（《朱子語類》）的思想。術數理論不單已發展至十分成熟，而且也從其學理中衍生一些新的方法或理論，如《梅花易數》、《河洛理數》等。

在傳統上，術數功能往往不止於僅僅作為趨吉避凶的方術，及「能彌綸天地之道」的學問，亦有其「修心養性」的功能，「與道合一」（修道）的內涵。《素問．上古天真論》：「上古之人，其知道者，法於陰陽，和於術數。」數之意義，不單是外在的算數、歷數、氣數，而是與理學中同等的「道」、「理」--心性的功能，北宋理氣家邵雍對此多有發揮：「聖人之心，是亦數也」、「萬化萬事生乎心」、「心為太極」。《觀物外篇》：「先天之學，心法也。……蓋天地萬物之理，盡在其中矣，心一而不分，則能應萬物。」反過來說，宋代的術數理論，受到當時理學、佛道及宋易影響，認為心性本質上是等同天地之太極。天地萬物氣數規律，能通過內觀自心而有所感知，即是內心也已具備有術數的推演及預測、感知能力；相傳是邵雍所創之《梅花易數》，便是在這樣的背景下誕生。

《易．文言傳》已有「積善之家，必有餘慶；積不善之家，必有餘殃」之說，至漢代流行的災變說及讖緯說，我國數千年來都認為天災，異常天象（自然現象），皆與一國或一地的施政者失德有關；下至家族、個人之盛衰，也都與一族一人之德行修養有關。因此，我國術數中除了吉凶盛衰理數之外，人心的德行修養，也是趨吉避凶的一個關鍵因素。

術數與宗教、修道

在這種思想之下，我國術數不單只是附屬於巫術或宗教行為的方術，又往往是一種宗教的修煉手段--通過術數，以知陰陽，乃至合陰陽（道）。「其知道者，法於陰陽，和於術數。」例如，「奇門遁甲」術中，即分為「術奇門」與「法奇門」兩大類。「法奇門」中有大量道教中符籙、手印、存想、內煉的內容，是道教內丹外法的一種重要外法修煉體系。甚至在雷法一系的修煉上，亦大量應用了術數內容。此外，相術、堪輿術中也有修煉望氣（氣的形狀、顏色）的方法；堪輿家除了選擇陰陽宅之吉凶外，也有道教中選擇適合修道環境（法、財、侶、地中的地）的方法，以至通過堪輿術觀察天地山川陰陽之氣，亦成為領悟陰陽金丹大道的一途。

易學體系以外的術數與的少數民族的術數

我國術數中，也有不用或不全用易理作為其理論依據的，如揚雄的《太玄》、司馬光的《潛虛》。也有一些占卜法、雜術不屬於《易經》系統，不過對後世影響較少而已。

外來宗教及少數民族中也有不少雖受漢文化影響（如陰陽、五行、二十八宿等學說。）但仍自成系統的術數，如古代的西夏、突厥、吐魯番等占卜及星占術，藏族中有多種藏傳佛教占卜術、苯教占卜術、擇吉術、推命術、相術等；北方少數民族有薩滿教占卜術；不少少數民族如水族、白族、布朗族、佤族、彝族、苗族等，皆有占雞（卦）草卜、雞蛋卜等術，納西族的占星術、占卜術，彝族畢摩的推命術、占卜術……等等，都是屬於《易經》體系以外的術數。相對上，外國傳入的術數以及其理論，對我國術數影響更大。

曆法、推步術與外來術數的影響

我國的術數與曆法的關係非常緊密。早期的術數中，很多是利用星宿或星宿組合的位置（如某星在某州或某宮某度）付予某種吉凶意義，并據之以推演，例如歲星（木星）、月將（某月太陽所躔之宮次）等。不過，由於不同的古代曆法推步的誤差及歲差的問題，若干年後，其術數所用之星辰的位置，已與真實星辰的位置不一樣了；此如歲星（木星），早期的曆法及術數以十二年為一周期（以應地支），與木星真實周期十一點八六年，每幾十年便錯一宮。後來術家又設一「太歲」的假想星體來解決，是歲星運行的相反，週期亦剛好是十二年。而術數中的神煞，很多即是根據太歲的位置而定。又如六壬術中的「月將」，原是立春節氣後太陽躔娵訾之次而稱作「登明亥將」，至宋代，因歲差的關係，要到雨水節氣後太陽才躔娵訾之次，當時沈括提出了修正，但明清時六壬術中「月將」仍然沿用宋代沈括修正的起法沒有再修正。

由於以真實星象周期的推步術是非常繁複，而且古代星象推步術本身亦有不少誤差，大多數術數除依曆書保留了太陽（節氣）、太陰（月相）的簡單宮次計算外，漸漸形成根據干支、日月等的各自起例，以起出其他具有不同含義的眾多假想星象及神煞系統。唐宋以後，我國絕大部分術數都主要沿用這一系統，也出現了不少完全脫離真實星象的術數，如《子平術》、《紫微斗數》、《鐵版神數》等。後來就連一些利用真實星辰位置的術數，如《七政四餘術》及選擇法中的《天星選擇》，也已與假想星象及神煞混合而使用了。

隨着古代外國曆（推步）、術數的傳入，如唐代傳入的印度曆法及術數，元代傳入的回回曆等，其中我國占星術便吸收了印度占星術中羅睺星、計都星等而形成四餘星，又通過阿拉伯占星術而吸收了其中來自希臘、巴比倫占星術的黃道十二宮、四大（四元素）學說（地、水、火、風），並與我國傳統的二十八宿、五行說、神煞系統並存而形成《七政四餘術》。此外，一些術數中的北斗星名，不用我國傳統的星名：天樞、天璇、天璣、天權、玉衡、開陽、搖光，而是使用來自印度梵文所譯的：貪狼、巨門、祿存、文曲，廉貞、武曲、破軍等，此明顯是受到唐代從印度傳入的曆法及占星術所影響。如星命術中的《紫微斗數》及堪輿術中的《撼龍經》等文獻中，其星皆用印度譯名。及至清初《時憲曆》，置閏之法則改用西法「定氣」。清代以後的術數，又作過不少的調整。

此外，我國相術中的面相術、手相術，唐宋之際受印度相術影響頗大，至民國初年，又通過翻譯歐西、日本的相術書籍而大量吸收歐西相術的內容，形成了現代我國坊間流行的新式相術。

陰陽學——術數在古代、官方管理及外國的影響

術數在古代社會中一直扮演着一個非常重要的角色，影響層面不單只是某一階層、某一職業、某一年齡的人，而是上自帝王，下至普通百姓，從出生到死亡，不論是生活上的小事如洗髮、出行等，大事如建房、入伙、出兵等，從個人、家族以至國家，從天文、氣象、地理到人事、軍事，從民俗、學術到宗教，都離不開術數的應用。我國最晚在唐代開始，已把以上術數之學，稱作陰陽（學），行術數者稱陰陽人。（敦煌文書、斯四三二七唐《師師漫語話》：「以下說陰陽人謾語話」，此說法後來傳入日本，今日本人稱行術數者為「陰陽師」）。一直到了清末，欽天監中負責陰陽術數的官員中，以及民間術數之士，仍名陰陽生。

古代政府的中欽天監（司天監），除了負責天文、曆法、輿地之外，亦精通其他如星占、選擇、堪輿等術數，除在皇室人員及朝庭中應用外，也定期頒行日書、修定術數，使民間對於天文、日曆用事吉凶及使用其他術數時，有所依從。

我國古代政府對官方及民間陰陽學及陰陽官員，從其內容、人員的選拔、培訓、認證、考核、律法監管等，都有制度。至明清兩代，其制度更為完善、嚴格。

宋代官學之中，課程中已有陰陽學及其考試的內容。（宋徽宗崇寧三年〔一一零四年〕崇寧算學令：「諸學生習……並曆算、三式、天文書。」「諸試……三式即射覆及預占三日陰陽風雨。天文即預

定一月或一季分野災祥，並以依經備草合問為通。」

金代司天臺，從民間「草澤人」（即民間習術數人士）考試選拔：「其試之制，以《宣明曆》試推步，及《婚書》、《地理新書》試合婚、安葬，並《易》筮法，六壬課、三命、五星之術。」（《金史》卷五十一・志第三十二・選舉一）

元代為進一步加強官方陰陽學對民間的影響、管理、控制及培育，除沿襲宋代、金代在司天監掌管陰陽學及中央的官學陰陽學課程之外，更在地方上增設陰陽學課程（《元史・選舉志一》：「世祖至元二十八年夏六月始置諸路陰陽學。」）地方上也設陰陽學教授員，培育及管轄地方陰陽人。（《元史・選舉志一》：「（元仁宗）延祐初，令陰陽人依儒醫例，於路、府、州設教授員，凡陰陽人皆管轄之，而上屬於太史焉。」）自此，民間的陰陽術士（陰陽人），被納入官方的管轄之下。

至明清兩代，陰陽學制度更為完善。中央欽天監掌管陰陽學，明代地方縣設陰陽學正術，各州設陰陽學典術，各縣設陰陽學訓術。陰陽人從地方陰陽學肆業或被選拔出來後，再送到欽天監考試。（《大明會典》卷二二三：「凡天下府州縣舉到陰陽人堪任正術等官者，俱從吏部送（欽天監），考中，送回選用；不中者發回原籍為民，原保官吏治罪。」）清代大致沿用明制，凡陰陽術數之流，悉歸中央欽天監及地方陰陽官員管理、培訓、認證。至今尚有「紹興府陰陽印」、「東光縣陰陽學記」等明代銅印，及某某縣某某之清代陰陽執照等傳世。

清代欽天監漏刻科對官員要求甚為嚴格。《大清會典》「國子監」規定：「凡算學之教，設肄業生。滿洲十有二人，蒙古、漢軍各六人，於各旗官學內考取。漢十有二人，於舉人、貢監生童內考取。附學生二十四人，由欽天監選送。教以天文演算法諸書，五年學業有成，舉人引見以欽天監博士用，貢監生童以天文生補用。」學生在官學肄業、貢監生肄業或考得舉人後，經過了五年對天文、算法、陰陽學的學習，其中精通陰陽術數者，會送往漏刻科。而在欽天監供職的官員，《大清會典則例》「欽天監」規定：「本監官生三年考核一次，術業精通者，保題升用。不及者，停其升轉，再加學習。如能黽勉供職，即予開復。仍不及者，降職一等，再令學習三年，能習熟者，准予開復，仍不能者，黜退。」除定期考核以定其升用降職外，《大清律例》中對陰陽術士不準確的推斷（妄言禍福）是要治罪的。《大清律例·一七八·術七·妄言禍福》：「凡陰陽術士，不許於大小文武官員之家妄言禍福，違者杖一百。其依經推算星命卜課，不在禁限。」大小文武官員延請的陰陽術士，自然是以欽天監漏刻科官員或地方陰陽官員為主。

官方陰陽學制度也影響鄰國如朝鮮、日本、越南等地，一直到了民國時期，鄰國仍然沿用着我國的多種術數。而我國的漢族術數，在古代甚至影響遍及西夏、突厥、吐蕃、阿拉伯、印度、東南亞諸國。

術數研究

術數在我國古代社會雖然影響深遠，「是傳統中國理念中的一門科學，從傳統的陰陽、五行、九宮、八卦、河圖、洛書等觀念作大自然的研究。……傳統中國的天文學、數學、煉丹術等，要到上世紀中葉始受世界學者肯定。可是，術數還未受到應得的注意。術數在傳統中國科技史、思想史，文化史、社會史，甚至軍事史都有一定的影響。……更進一步了解術數，我們將更能了解中國歷史的全貌。」（何丙郁《術數、天文與醫學中國科技史的新視野》，香港城市大學中國文化中心。）

可是術數至今一直不受正統學界所重視，加上術家藏秘自珍，又揚言天機不可洩漏，「（術數）乃吾國科學與哲學融貫而成一種學說，數千年來傳衍嬗變，或隱或現，全賴一二有心人為之繼續維繫，賴以不絕，其中確有學術上研究之價值，非徒癡人說夢，荒誕不經之謂也。其所以至今不能在科學中成立一種地位者，實有數因。蓋古代士大夫階級目醫卜星相為九流之學，多恥道之；而發明諸大師又故為惝恍迷離之辭，以待後人探索；間有一二賢者有所發明，亦秘莫如深，既恐洩天地之秘，復恐譏為旁門左道，始終不肯公開研究，成立一有系統說明之書籍，貽之後世。故居今日而欲研究此種學術，實一極困難之事。」（民國徐樂吾《子平真詮評註》，方重審序）

現存的術數古籍，除極少數是唐、宋、元的版本外，絕大多數是明、清兩代的版本。其內容也主要是明、清兩代流行的術數，唐宋或以前的術數及其書籍，大部分均已失傳，只能從史料記載、出土文獻、敦煌遺書中稍窺一鱗半爪。

術數版本

坊間術數古籍版本，大多是晚清書坊之翻刻本及民國書賈之重排本，其中豕亥魚魯，或任意增刪，往往文意全非，以至不能卒讀。現今不論是術數愛好者，還是民俗、史學、社會、文化、版本等學術研究者，要想得一常見術數書籍的善本、原版，已經非常困難，更遑論如稿本、鈔本、孤本等珍稀版本。在文獻不足及缺乏善本的情況下，要想對術數的源流、理法、及其影響，作全面深入的研究，幾不可能。

有見及此，本叢刊編校小組經多年努力及多方協助，在海內外搜羅了二十世紀六十年代以前漢文為主的術數類善本、珍本、鈔本、孤本、稿本、批校本等數百種，精選出其中最佳版本，分別輯入兩個系列：

一、心一堂術數古籍珍本叢刊

二、心一堂術數古籍整理叢刊

前者以最新數碼（數位）技術清理、修復珍本原本的版面，更正明顯的錯訛，部分善本更以原色彩色精印，務求更勝原本。并以每百多種珍本、一百二十冊為一輯，分輯出版，以饗讀者。

後者延請、稿約有關專家、學者，以善本、珍本等作底本，參以其他版本，古籍進行審定、校勘、注釋，務求打造一最善版本，方便現代人閱讀、理解、研究等之用。

限於編校小組的水平，版本選擇及考證、文字修正、提要內容等方面，恐有疏漏及舛誤之處，懇請方家不吝指正。

心一堂術數古籍 珍本 整理 叢刊編校小組

二零零九年七月序

二零一四年九月第三次修訂

巒頭指迷

丙寅中秋

張志良題

（元）

巒頭指迷序

地理家惟知有巒頭不知有理氣蓋巒頭甚顯理氣甚微故有知有不知者矣抑思巒頭爲地理之體理氣爲地理之用有體無用猶人有百般之志無運而不能自行有用無體猶馬有千里之程無人而不能獨往是二者不相悖而相需亦賴有明眼人破其昏迷以抉其微余幼好山水學習三合總覺生旺墓養難括天地人之氣數諒宇宙間不乏名流無書不著必有加乎其上者

雖前讀蔣氏地理辨正一部終不能得門而入光緒甲午科回籍鄉試遇雪亮眞人於江右求其指示即和盤托出吾故將理氣之說筆之於書惟巒頭千變萬化不敢自作聰明冒然批錄陡想起吾邑尹貞夫先生著有地理匯參講究巒頭行世已久但兵燹之後隻字無存未免有夏禮殷禮文獻不足之恨幸民國乙卯年余遷居懿路適值山東臨沂縣梁儀廷先生館於其鎭與先生談及風水頗識三昧詢讀何書先生曰余有至親尹

鶴田前知湖北棗陽縣事解組時携有尹貞夫先生地
理匯參之書置之案頭朝夕三復始得一知半解未甚
精透余聞其言喜而不寐曰古人云天有再圓之月水
無不槳之萍誠如今日人隔數千里書隔數十年復獲
相見洵非偶然況尹君一爲受知師一爲結契友請出
其書展閱如故竊匯參分著先有撼疑二經次有九星
變形再次有窩鉗乳突以及水口城門其巒頭莫不一
一發明因更名曰巒頭指迷然此書一出堪渡目迷五

色之人可以開心但鈔錄此文多有錯亂大失本眞恐
以訛傳訛未能引人入勝而或入於迷境因不揣固陋
詳加改正余不敢謂指人之迷直可謂貞夫先生指吾
之迷也可倘後世有跳出迷津得其指南者更按此書
而指吾之迷焉則幸甚是爲序

時在

民國九年歲次庚申夏歷七月巧日楚北棗陽何廷珊
玉册氏謹序於奉天待價山房

刪改撼龍經條論

楊公著此經專論行龍星體凡貪巨祿文廉武破輔弼俱從應山發議夫應山即龍出身處之第一星辰也若龍行度中間之星與應星不同者其第一座謂間星多則謂變星大抵龍之吉凶貴賤悉於變星處分別倘龍無變星而結穴之星則與應星同一有變星而結穴之星又與變星同也

此經致廣大盡精微堪稱爲地理之聖自明迄今種種

遞刻尒無知妄作者顛倒錯亂大有失郤經中之義予三復考訂嘗於顛倒者順之於錯亂者正之且更詳加解釋復望高明者諒之

此經條段起止原有一定之理彼諸家選集所分條段多於起首落尾處俱參前錯後毫無宗主予特謹加更正將條段剝清固於起首處起所當起亦於落尾處止所當止也俾學者登山尋龍恍若書在目前舍書看山又若龍在胸中矣所以明眼人相地繪圖毫無差異此

蓋能將條段分析故也

此經論九星行龍各有切實精義亦各有眞正結作五
行惟喜相生不喜相尅祗有金星喜結於廉貞火星下
取其以尅爲生也所以三合四大長生惟金長生在巳
火其分金亦惟用丙丁庚辛四字此金火同爐方成大
器書云金腳火頭葬下封侯是也無如彼此傳訛聚訟
紛紛者不惟將九星誤認而且將五行錯安其貽禍實
匪淺鮮予素知六龍結作必有天池官鬼羅星鎮據水

奉天關東印書館排印

口因摘錄一處俾學者知其爲龍穴之總論
此經論九星變換發揮精透惟某龍結某穴尙欠詳明
因將余氏辨穴歌斟酌删改分列於後俾知某星行龍
應結某星之穴令業斯術者一目了然不致惑於他歧
庶可爲救貧功人矣是爲條記
時在
有淸同治七年戊辰荷月楚北棗陽尹光忠貞夫删改
於邑南白水村光武故祠

一本大關東印書館排印

巒頭指迷全書

凡例

一是編原名地理匯參蓋因貞夫先生匯集前賢所看理學名臣之發墳參互考訂彙成一編而言也余讀此書見其將地理形勢俱已分析明白復不揣冒昧特又細加批註可以破後學昏迷之途因更名曰巒頭指迷

一是編曰巒頭蓋爲人有頭則有口山有頭則有穴其

所謂巒者殆一爲峯巒一爲岡巒也彼峯巒如頭之有身岡巒如頭之有頸束氣結咽頸愈細而頭愈圓頭愈圓而穴愈顯倘大開平面中垂小乳其穴更眞誠相地第一步工夫此不啻瓜有本果有蒂也人若從此提要鈎元識在機先即訣云得其一萬事畢者之謂焉

一是編曰指迷蓋因時師天日未見坐談了然登山茫然以其不知有巒頭故也余嘗見點穴者或點於龍

身行度間或點於龍身枝脚上本欲獲福反致招禍誠可惜焉是書一出頭腦各判如遇生人見面知心誠不啻聾矇失路忽來瞑瞭之相導也焉有目迷五色當面錯過之弊耶

一是編將枝幹分清星辰辨正俾學者登高望遠知某處有局即知某處有穴則成竹在胸造化在手不啻金鍼度世寶筏救人諺云業風鑑者罪應列在十九層地獄若如斯行術或可稍減冥刑

一是編不惟將尹君之書前後改正並將楊公之書亦前後駁清蓋因代遠年湮相傳無人故有瑕瑜互見之病予爲指迷殆欲救人於水火之中咸登於衽席之上即楊公再世亦不過如是發明

一是編本楊曾廖賴之作發山川嶽瀆之奇務求眞穴的俾天下後世有富貴而無窮累有忠孝而無忤逆庶可使奢心稍慰彼俗師動謂點眞穴而雙目失明吾則謂彼先已雙目失明不識眞穴也蓋與人相

地即與人爲善天豈阻人行善哉乃竟敢以妄言藏拙以詐言欺世其存心奸險已大可知若人人各執一編莫不燭破僞術肝膽

一是編掃除異言獨標眞訣蓋以吾於爕理陰陽之志未逮於相其陰陽之術始行達則兼善窮則獨善吾雖處夫獨善之時莫不存夫兼善之志敬著此書俾展卷讀之可以樂其樂利其利將來產生豪傑堪爲國家整頓大局彼僞術謂某地有龍飛鳳舞之勢某

地有霧靄雲蒸之形見理不明說詞亦遁若誤聽邪言不惟不能安親而且害親並貽害於後人殃及滿門實堪痛恨是書一出固可指不識地理者之迷更可指不識地師者之迷也照妖鏡在手江湖輩焉能迷人

一是編有典有則不偏不易所謂大學之道中庸之德是也彼索隱行怪好異矜奇一致世俗驚一犯造物忌後世有述吾弗爲矣若吾所爲者惟就班說理按

部繪圖俾學者由淺入深即景生情知道通天地有形外不能如轅下駒一物無所見一步不能行者焉聖人云智者樂水仁者樂山大地山河布滿目前固無往非吾人會心處即無往非吾人行樂時也彼區區地理特游藝事耳烏足擴充文人學士仰觀俯察絕後空前之極大眼界哉

一是編原爲門人所著作俾學者循序漸進不致入於迷徑或可大觀厥成然吾又思之總覺於斯猶未能

信焉敢好爲師而妄傳他人特無如旅奉年久交遊日多竟有不嫌吾之鄙陋而願從學者其中有開原田聘卿鐵嶺戴繡章李馨齋西豐周寅卿瀋陽王東垣雷介臣海龍高得三蓋平劉興周昌黎齊星輝外有錦縣韓警寰亦殷殷求教似此數人皆以相地消遣不以相地居奇吾故言之不諱其餘未見鄙人之面徒假鄙人之名推其心悉以慾壑爲念以壟斷是登自詡爲風鑑堪輿之號而不愧旋受人酒食金帛

之賜而無慚下民易罔上天難欺報應不爽如影隨形矣若吾門等輩俱守四戒欲泯三慾安可與江湖行乞之流一例相視哉彼蓋惟利是圖固不知山水之樂且不知山水之形此謂之不迷得乎此置之不指得乎指而復迷則是安於終迷而不返矣吾願入迷途未遠者尙其不自迷而並不迷人也可

一是編既成先列古人所看之名墓後續吾人所擇之佳城吾非敢壓倒古人自逞其能吾實欲取法古人

奉天關東印書館排印

對看見眞蓋古人著書立說未嘗迷我我亦當讀書稽古不敢迷人然我不迷人我尤願與我同志者俱不迷人而救人則甚幸彼天地有缺陷或可以無形補救陰陽有差錯猶可以隨時轉移其使化者不受風水之害直如使斯民不受洪水之害焉觀其巒則落脈有據視其頭則結穴有根不必博施濟衆而指迷即行堯舜之道不必賑飢援溺而指迷常存禹稷之心將來得時乘運毓産人文誠不啻喚醒迷夢跳

出迷津其功德豈減於堯舜禹稷之大哉予日望之

同年月日　玉册謹條凡例十則

奉天關東印書館排印

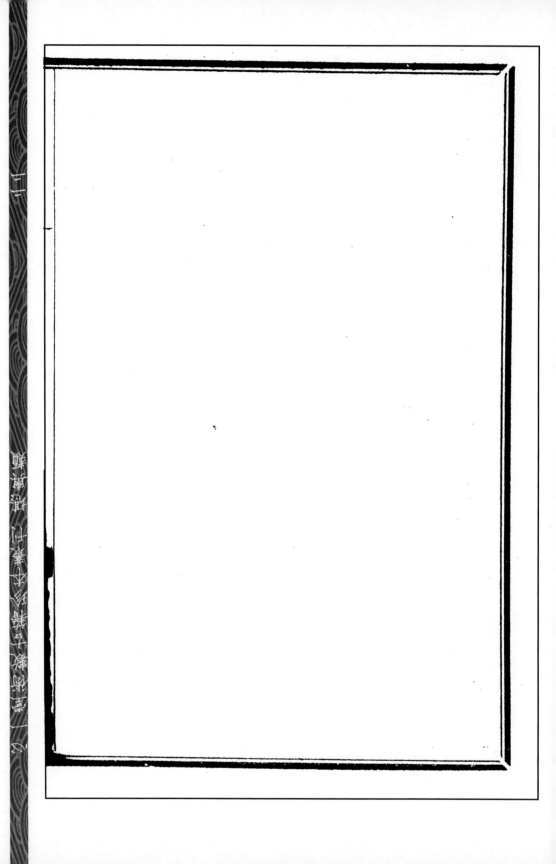

巒頭指迷銘詞二十四句要言

何謂巒頭　結地根由　如花垂蕊　如冕綴旒

來勢渾厚　落脈溫柔　蜂腰氣束　鶴膝峽抽

繞穴砂護　朝堂水流　山坐洛書　向對河圖

星取金土　運避休四　城門鎖住　泉臺氈鋪

陽來陰受　陰來陽投　陰陽交媾　蔭產王侯

愚見淺陋　未知是不　復祈明手　指我迷途

龍門派理中單老眞人門下生逌慧道人謹銘

巒頭指迷乾部

目錄

巒頭指迷坎部

目錄

巒頭指迷艮部

目錄

目錄

巒頭指迷震部

論龍餘氣

巒頭指迷要部

目錄

巒頭指迷離部

目錄

奉天關東印書館排印

巒頭指迷坤部

目錄

巒頭指迷兌部

目錄

巒頭指迷全部目錄終

奉天關東印書館排印

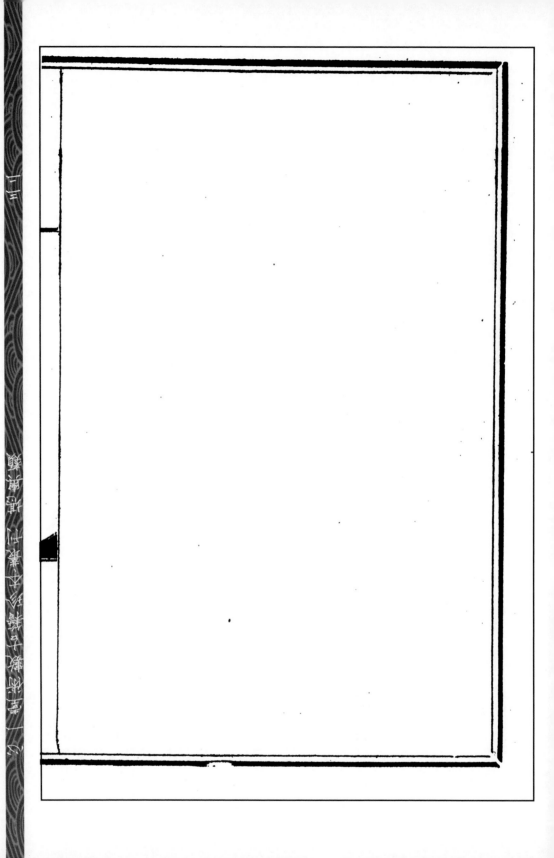

巒頭指迷乾部

唐國師楊筠松救貧著

棗陽縣尹光忠貞夫改

棗陽何廷珊玉册註解

樂亭溫紹先繩武匯輯

開原田毓珍聘卿編次

彰武丁積善百祥贊修

黑山王維新作民參訂

撼龍經

須彌山是龍脈骨　中鎭天地爲巨物

如人脊背與項梁　生出數枝龍突兀
四枝分出四世界　南北東西為四派
西北崆峒數萬程　東入三韓隔杳冥

註解

此段總括龍之主腦以下枝派悉本於此誠如大學先有三綱領後有八條目也可見聖賢立言純從大處著筆俱是閱歷中來楊公救貧一片苦心誠天之生此人著此經為萬世造福之根本

惟有南龍入中國　胎宗孕祖來奇特
黃河九曲爲大腸　川流屈曲爲膀胱
分枝劈脈縱橫去　氣血勾連逢水住
大爲都邑帝王州　小爲郡縣君公侯
其次偏方爲鎭市　亦有富貴居其地

註解

此段言中國之龍界限分明大用大發小用小發譬如有良材無棄材故貴無敵也

崑崙山腳出闐顏　隻隻都是破軍山
連綿走出瀚海北　風俗强悍人粗頑

註解

天下龍脈發自崑崙以下詳言四枝四派闐顏西域國
名此段言北幹龍出身處
山來隴右尖如削　盡是貪廉高更卓
此地爲何不出文　只因峯多反成濁
高山大隴峯尖多　不如平原一堆卓

行行退卸大散關　百二山河在此間
大纏大護到函谷　水出黃河如闕環
低平漸漸出熊耳　萬里平洋低且寬
大梁形勢是平原　到此尋龍實覺難
若無江流與淮水　渺渺茫茫不見山
大江在南黃河北　又無石骨又無脈
河流冲決龍已斷　兩水夾行氣不絕
行到兗州忽起峯　東嶽泰岱插天雄

奉天關東印書館排印

分枝劈脈鍾靈氣　聖賢多產魯邦中

註解

此言中幹龍出身行至函谷關漸漸落坪俱是尖峯行至大梁數千里盡是平洋直抵兗州忽起東嶽泰岱文筆森秀故聖賢英雄多出於魯國也

南龍大幹過葱嶺　黑鐵二山峯尤盛

分出秦川及漢川　五嶺分星入桂連

山形有斷脈不斷　直至江陰大海邊

海門旺氣連閩越　南水兩夾相交纏

註解

此言南幹龍行至葱嶺分枝直抵海門綿亘數千里若無南水龍氣依然不住故曰外水橫行內氣止生也

尋龍尋脈先望氣　雲霧多生是龍脊
春夏之交與二分　夜望雲霓生處覔
雲霓生在絕高頂　此是龍樓寶殿定
先觀霧氣識正龍　知此然後論九星

但是俗眼難得認　請看三大老幹形

註解

凡有大地祖山必起雲霧再看秀峯插天必是龍樓寶殿如此則眞反此則僞復繪三圖可以按圖索驥

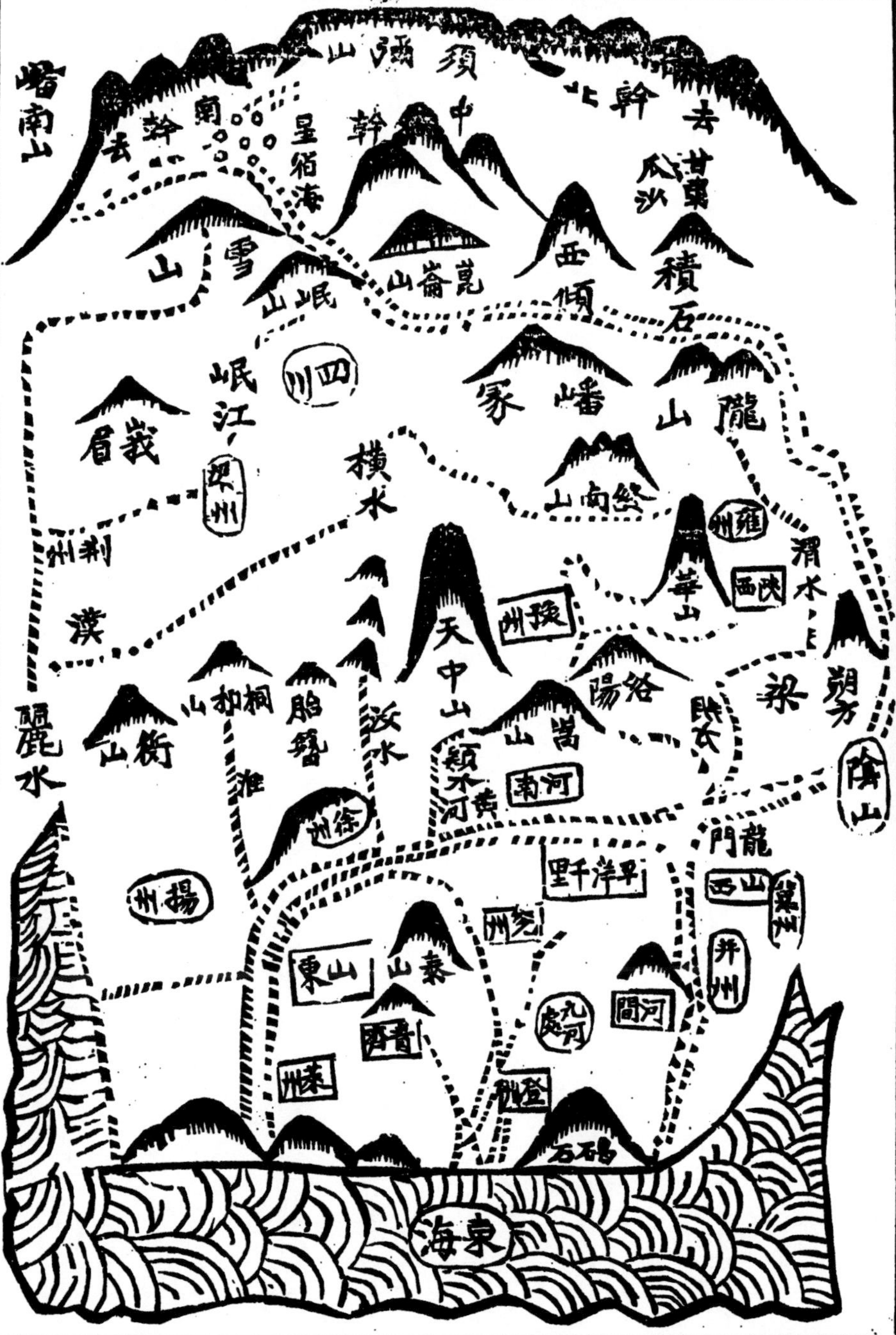
須彌山
北幹去
中幹
南幹去
嶺南山
星宿海
崑崙山
西傾
積石
雪山
岷山
四川
岷江
峨眉
嶓冢
隴山
終南山
雍州
梁州
荊州
漢
橫水
華山
陝西
渭水
豫州
天中山
洛陽
嵩山
朔方
桐柏山
汝水
淮
衡山
麗水
河南
潁水
黃河
陰山
徐州
揚州
平洋千里
龍門
西山
兗州
泰山
東山
河間
九河
并州
冀州
萊州
登州
碣石
東海

中幹自崑崙之寅甲卯乙四方出脈南行至嶓南山與
南幹分枝即由嶓冢上雪山開大帳南盡麗水北抵朔
方中以西傾山爲頂斜穿武都至終南跌平數千里陡
東起泰山盡於登萊楊公云太江在南黃河北又無石
骨又無脈行到兗州忽起峯東嶽泰岱插天雄分枝劈
脈鍾靈氣挙賢多產魯邦中是也然分此一枝蓋由淮
南盡於海門若四川陜西河南山東湖廣江南江北皆
中幹所結

崑崙老中幹
分南幹
嶓南山
鹿水
雪山
岷江
馬湖
敘府
巫山
長江
荊州
黔
雲嶺
雲南
貴州
黔江
衡山
洞庭
岳州
君山
蠡湖
漢水
竟陵
桂嶺
廣西
廣東
交趾国
南海
庾嶺
常山
黃山
鄱陽湖
漢口
襄陽方城
皖水
建嶺
福建
浙水
當陽
天目山
丹陽湖
茅山
浙江
江南河
太湖
京口
瓜州
江陰
東海
南海

依天關東印書館排印

南幹自崑崙之辰巽二方出脈聳起嶓南山上雲嶺轉黔中由桂嶺庾嶺東至建嶺乃轉而北度廣信之常山達徽北之黃山再更東下至天目山順結杭州逆結江甯其幹稍盡於江陰楊公撼龍經云南幹大龍起嶓南此一句是逸經 五嶺分星入桂連山形有斷脈不斷直至江陰大海邊是也按此幹若今之雲南貴州廣西廣東湖廣江西福建浙江江南之地此南幹之大略盡矣

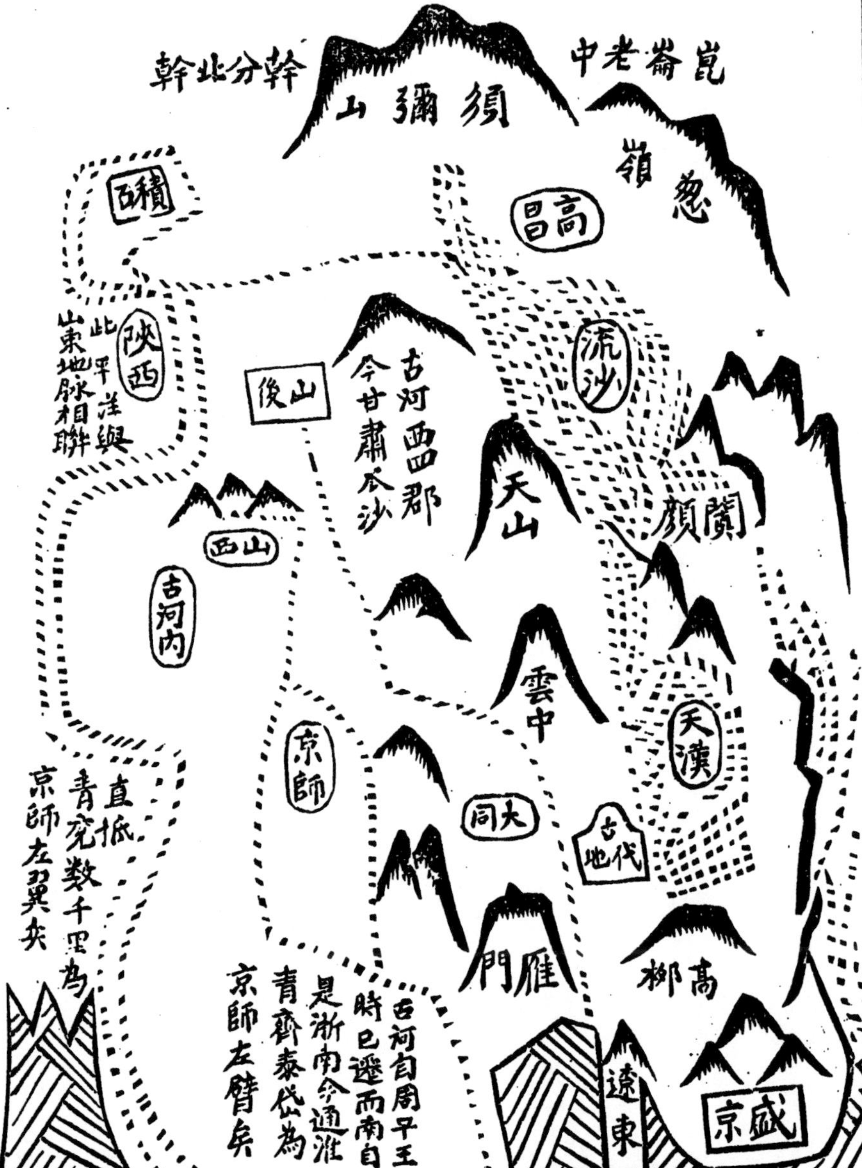
崑崙老中
幹分北幹
須彌山
葱嶺
積石
高昌
流沙
陝西
此平洋與
山東地脈相聯
後山
古河西郡
今甘肅各沙
天山
賀蘭
西山
古河內
雲中
天漢
京師
大同
古代地
直抵
青兗數千里為
京師左翼矣
雁門
高柳
古河自周平王
時已遷而南自
是浙南今通淮
青齊泰岱為
京師左臂矣
遼東
盛京
東海

北幹自崑崙之丑艮寅三方出脈北經葱嶺出闐顏南
轉向雲中入塞垣勢若自天而下中轉雁門東西陘委
蛇並代中復北出高柳循塞垣南轉爲　京師山西遼
東其左右翼也按南幹北有長江南有海東盡於海中
幹南有江北有黃河東盡於海惟北幹以南爲黃河北
爲沙漠查自古輿圖不載沙漠之所止其東宜止於東
洋而自遼以北亦不知東洋之所在漠北更有北山北
山之後宜是北海凡宦客洎商無能至北海者故塞內

所得北幹纔十分之一然自古聖神多生北幹蓋因北
幹山川渾厚發福最長誠非草野耳目所能及也
近來地理家具寸光之眼焉能與彼論老幹即論老幹
亦不知其所自余嘗見學風水者僅曰崑崙三大幹豈
知中南共一幹而北幹特另出者也余何見之余蓋因
河源江源見之矣考禹貢導河積石岷山導江皆言治
水之始非言水源之始也若黃河之源見山海經水經
卒皆雜說自司馬遷始斷河出崑崙之非唐人通吐番

始見崑崙元人尋河源始得其處蓋實經崑崙之東南而西上更歷年月之程始得星宿海是爲河源則崑崙特西域一名山耳非三幹所由發也楊筠松云須彌山是萬山祖雖係梵書實爲有見查葱嶺之東水出積石故曰黃河有兩源岷山特一支江所起耳其南有雅江有銅江有大渡河皆源自嶓冢更南有麗水其水自雪山外至楡葉河穿川雲之間鍾爲馬湖及至叙府與岷江會復趨峽而爲大江則江之源可得而考也但此等

形勢諸書皆略余特詳之

山岡平原

大率山龍自有眞　星峯磊落是龍身

峯以星名取其類　星光下照山成形

註解

龍穴在天成象在地成形凡大龍特結必上應天星下

合地理方是眞正結局

高山須認星峯起　平地兩旁看水勢

平地龍從高山發　高起星峯低落穴

兩水夾處是眞龍　枝葉繞迴中者是

註解

平洋龍以水爲斷兩水直流則龍脈行兩水交纏則龍氣住葬經云外水横行內氣止生是也

或有勾夾似旋螺　勾夾是案螺是穴

水到明堂聚氣多　四旁遶護如城郭

三冬水涸尋不見　春夏秋雨龍脊現

此是平原看龍法　過脈如絲更如線
高水一尺即是龍　低土一尺水迴環
水纏便是山纏樣　水若返兮山不抱
水抱山環龍氣住　坪中突起穴天象

註解

平洋結穴必須壠起突泡其穴方眞所謂高一寸爲山低一寸爲水雖是俗論卻是至論矣

外山百里作羅城　此是平洋眞局勢

祖宗父母數程遙　誤得時師皆不識
凡到平洋莫問踪　只看水繞是眞龍

註解

平洋無形迹何以認龍一有水繞必有高低則尋龍有據彼時師不識龍穴一見此可以識之也

貪狼龍格

貪狼頓起笋生峯　若有斜枝便不同
斜枝側頂爲破面　尖而有脚號乘龍

貪狼貴賤

貪狼星有十二樣　尖圓平直小爲上

欹斜側岩倒破空　禍福輕重自不同

註解

此段上言龍己過峽而變換之星見十二樣中郤有此五吉七凶也

平地卓然頓起箏　此是尖貪本來性

圓無欹側四面同　平若臥蚕在頂橫

直如鼠尾上嶺來　小如揷筆高峯生
五者乃爲貪正體　最嫌身帶石峻嶒

註解

貪狼五吉本是可取若身上帶石又不足貴蓋貪狼係貴人之體宜取其端莊秀麗倘一帶石則失其貴氣故不可取也

欹是崩岩破是折　斜是邊有邊不同
側是面尖身直去　空是岩穴多玲瓏

倒是飛峯岩是側　七者貪狼凶惡龍

註解

飛峯身直面邪名雖曰貪而實非貪不惟不足貴而且凶惡矣宜棄之毋取

貪狼廉祖

聚火廉貞來起祖　生出貪狼向前去

落處須尋一百里　中有尖貪小峯起

轉身迴顧火星宮　只因廉貞是祖宗

奉天關東印書館排印

貪狼若非廉作祖　爲官也不到三公

註解

廉貞祖山貪狼應星必結顧祖之穴主出王侯公卿

貪狼出脈

高山頂上平如掌　中抽細脈似蛇樣

貴龍卻是穿心出　富龍旁出自肩上

高山如帳後面遮　帳裏微拖仙帶脈

帶舞下來如鼠尾　此是貪狼上嶺蛇

帶舞下來鶴伸頭　此是貪狼下嶺蛇
上嶺必產朱紫貴　下嶺須爲富豪家

註解

貪狼出脈必拖仙帶不失本體上嶺蛇上大下小下嶺蛇上小下大一主貴一主富也

貪狼結局

大山剝小小爲貴　小山傳大大爲最
高低大小斷續行　此是貪狼眞骨氣

或從大山落低小　或從高峯落平地
退卸剝換成幾段　十條九條亂了亂
中有一條却是眞　若是眞兮斷了斷
亂山環抱在面前　不許一條出外邊
眞龍如在花心坐　亂山在外却爲纏
此穴多從腰裏落　餘枝迴轉作城郭

註解

貪狼行度傳變必從大山剝小自高峯落平分枝劈脈

條縷必多訣云貪狼行度枝葉繁十條九條惟中間其跌斷多者是正龍入首之處四面之護從必環繞回抱穴自龍腰而落蓋貪狼不在盡頭結也若結在盡頭則龍虎太直不能聚氣而漏胎矣用之有損無益

城郭彎環生捍門　門外羅星當水着

註解

貪狼正體屬木是貴人羅星無正體是奴僕故貪狼結穴必有羅星捍門所謂主貴僕亦貴也

奉天關東印書館排印

貪狼變穴

貪狼不變生乳頭變作巨門窩中求若變武曲釵鉗覓
變作祿存犁鏵頭
小小貪狼笋初生六府之星出狀元若剝蘆鞭落平地
梅花堆缶貴始堅（尖峯上面旁開兩小峯謂六府
主出狀元鼎甲）
巨門山下貴人峯此是貪狼極貴龍穴結天葩若蒜腦
官星出面位三公（此言巨門祖山貪狼應星）

貪狼乳穴變化多其乳圓小氣最和葬法休來傷其首
細審圓暈始無訛（貪狼正結）
貪變文曲如撒網懶坦恰似牛皮樣牛皮之穴起稜弦
四砂緊夾在君扦（以下四條皆言貪狼變星結穴）
貪變廉貞梳齒樣長枝有穴無人葬只緣龍虎不歸隨
葬了能令財祿旺
貪變破軍似天梯重重疊疊若頓旗旗尾出脈去不遠
過坪復起穴相宜

貪變武曲似釵鉗開口分明秀且妍龍勢平夷穴宜上
勢雄力猛口內扞
更有貪狼號乘龍立木一脚出正中不可就木扞正穴
斜陽倒影是仙踪
且有倒木直硬來開鉗長直雙柱材鉗中微突饅頭樣
葬法須從突上裁
又有貴人泛水排三比四比逐波來倒坐排心任空潤
爲商巨富不須猜

更有仙女出簾形臍開一穴峻而傾四面簾幕羅闈整
葬後兒孫拜聖君
貪狼橫架撞節泡梁上燕巢產英豪也要穴藏風不露
前朝後樂貼身高
曲尺貪狼葬曲凹龍虎開張將穴包穴前兜襟平而穩
砂環水繞出官僚
腕籃貪狼扞鼠肉不生鼠肉君莫顧圓滿微窩局有情
葬後兒孫食天祿

貪狼穴法有多樣粘倚架折並挨撞總要生氣聚腦中
那怕變成千萬象

巨門龍格

巨門尊星性端莊　初離祖宗即高昂
星峯直與衆星別　不尖不圓其體方
高處定爲頓笏樣　但是無脚生兩旁
如此方峯只一二　方峯之下如驅羊
或是方峯四角帳　帳裏微拖仙帶飏

枝葉不多關峽少　却有護衛隨身張
帶旌帶節來擁護　旌節之峯多是雙
更有刀劍迎送往　刀劍送後前圓岡
離宗斷處多失脈　蛛絲馬跡絡繹長
蜂腰過峽跌斷處　兩邊定有衣冠吏
衣冠之吏是圓峯　列在左右護眞龍
若是獨行無護衛　定作神祠佛道宮

註解

巨門屬土頂平體方吉星也開帳出脈必拖仙帶行度必擺折棲閃氣勢猛勇如虎驅羊其枝脚必然短少關峽亦見不多凡過峽處則拋踪失跡兩邊必有圓峯名爲衣冠吏格勢至貴若無護衛則龍身孤單第作神廟而已若作住宅墳墓定然無後

巨門剝換結穴

平走穿珠行數里　忽然又作方峯起

方峯直去如橋懸　背長頗類平頂貪

武曲橫從身上立　左右護龍俱轉旋
此龍住處無高壠　間生窩穴隱深潭
四圍若高來朝護　穴落高岡類草庵
高山脚下橫拖劍　將軍大坐勢巍然

註解

巨門過峽行度起金泡如串珠數里之間仍起方峯直去橫而望之形如橋懸又似貪狼退卸而來以脫煞氣入首變出武曲橫落必近水而結窩穴四應若高則穴

落高山形如將軍大坐矣

巨門假落

巨門龍行數十里　內有方峯三四起
峯峯端嚴方與正　不肯偏倚失尊體
端峯若作四花穴　花穴端的要君別
眞龍直去向前行　方峯假落穴似眞
此是武曲來鉗峽　間星雜氣偶成形
要識四花如何辨　但見護衛不曾停

註解

巨門行龍過峽之處若有武曲間星鉗脈又忽然前行頓起方峯左右頰有穴形此得間星之雜氣而成乃花假穴也細觀正龍依然直去若兩邊護衛飛走其假可知矣相地者不必著眼

巨門眞局

巨門行龍少鬼刼　盖緣兩旁多羅列

過峽之時星怪異　若非尖圓即馬旗

護衛纏繞如打圍　重重包裹四山歸
明堂斷定無傾瀉　橫案重疊來朝揖
此是巨門眞正體　識得眞假有何疑

註解

巨門落穴四圍抱裏朝案拱揖明堂端正乃是眞結若能識此則登場明瞭那得被伊迷惑而將信將疑乎

巨門變體

巨門不變窩中求穴取弦稜宜就毬無毬死土不堪葬

有毬還須看兜收　（巨門應山）
巨門天財是尊星平面穴喜凸凹生或然角上見稜圈
佳穴即在此中存　（巨門正體）
凹腦天財穴担腰必須後樂貼身高攀鞍之穴人畏險
前案橫抱着紫袍　（巨門變格）
土山忽現平石盤羅城周密莫教寬安棺石上培客土
休傷盤石氣脈殘

祿存龍格

祿存之形如頓鼓　下生有脚如瓜瓠
瓜瓠前頭起好峯　此是祿存帶祿處
小圓帶祿本身圓　將相公侯出方虎
大如螃蟹小蜘蛛　此是祿存帶殺處
殺中若有橫磨劍　號爲權星先出武

註解

祿存正體頭平身圓金土相合而成形如頓鼓凶星也

前行生好峯爲帶祿主貴枝脚尖利爲帶殺大凶殺形

如人橫磨劍名權星先出武貴行龍若間三吉星方結
佳穴相地者切毋濫指

祿存帶殺

寶殿龍樓來作祖　大關大峽百里路
若是尖脚亂如茅　喚作蚩尤旗爪舞
忽逢此等入長垣　萬及打圍君莫睹
草寇作亂出斯山　殺戮平民終赤族

註解

此承上帶殺而言祿存凶性雖樓殿作祖關峽甚多行龍若無吉星相間惟枝脚尖利如茅入局結穴必出草寇蓋祿存似武曲夫武曲端正無脚而祿存四圍有脚行龍若間三吉星必落坪結穴則脱盡殺氣方爲貴地倘若不然君毋睹可矣

祿存帶祿

頓鼓祿存似武曲　武曲端正下無足

四圍有足眞祿存　圓淨乃是武曲尊

行龍若兼貪巨武　此等貴龍天下無
若閒吉星遠作穴　莫向高山尋局促

註解

此段將祿存武曲之星分析明白若閒貪巨武三吉星更貴其結穴必遠其布局必大以其貴格太尊也若尋一局促之地何以舒其龍氣初學者尚其深究

祿存吉形

祿存好處落平漫　大作方州小作縣

復有坪中亂石生　或起橫山如棱面
此處若有輔弼形　輔弼無枝祿生辦

註解
祿存落坪結穴則殺氣脫盡方成貴格然猶不失本體
坪中必生亂石或起橫山形如棱面如輔弼也但輔弼
與祿存之形猶有分析故特指之

祿是帝車第二星　也主爲文也主兵

註解

此二句專提祿存之貴人不可以爲不吉而賤看也相
地者放眼要明用心要細則得矣
第一祿存鼓頓起手脚對對隨身去平行有脚如劍戟
旌節幡幢排次序此等龍身作州縣中有小貪與小巨
輔弼侍從左右立隔岸山河遠相對
第二祿存如覆釜脚尖如戟周圍布有脚方爲眞祿存
無脚乃是祿兼巨此星定主有威權白手成家積巨富
第三祿存鶴爪布兩短中長龍出露出露定爲低小形

隱隱前行忽生肉穴落平坦龍虎分醜陋穴形龍氣住
第四祿存肋扇具手脚又如抽絲緒此龍只好結神壇
間有吉峯生秀氣
第五祿存如懸鶉破碎箕帚摺無定此星本是行龍星
高山大峽開三門龍若遠去坪中作橈棹回環煞氣脫
第六祿存落平洋勢如巨浪橫開張他星也有落平者
此星落平亦揚飛手脚擺處生巨石石色只是黑與黃
護龍轉時看他落落處當隨水斟酌右轉皆右不參差

左轉皆左無駁雜祿存若是穴橫落腦後鬼形如披髮
第七祿存如長蛇左右無護又無遮此形只作貴龍護
枕在水邊自橫斜時師莫作飛帛看飛帛原來無爪牙
第八祿存起高頂如戴兜鍪有肩領漸低漸去作成穴
穴生窩鉗極端正此星號爲八貴龍捉穴眞時福長盛
第九祿存似落花片片段段水夾砂不作蛟潭爲鬼穴
定作羅星水口遮
祿存變穴

祿存本是四凶星三吉行龍要祿存張牙布爪作帳幕
間得吉星貴穴成
祿存枝脚如打圍張牙布爪東復西貴龍關峽重重見
本體結穴似犂鏵

（祿存應山）

祿存鶴爪現三乂兩短中長穴少遮若帶殺曜龍最貴
文韜武略一世誇
又有祿存虎口樣左右單提穴居上紐會仙宮係祿存
葬後能使財丁旺

更有祿存如頓鼓平頭圓脚穴金土面上惟喜生稜圈
若無稜圈君莫睹
我看祿存滿天下多作神壇與村社只緣不帶三吉星
間有吉星連城價

文曲龍格

文曲正體蛇行樣　若作掃蕩如撒網
問君如何生此山　定出廉貞絕體上
問君何處是絕體　本宮山上敗絕氣

問君何處是本宮　樓殿之下初出龍
九星皆挾文曲換　若無文曲星不變
變星要看何星多　多者爲主分善惡

註解

文曲屬水凶星也係祖山敗氣所生然祖山出脈多似蛇形何得盡是敗氣猶必須前看變星以定何星行龍若無文曲而行龍又是死氣故曰若無文曲星不變也然此變星又要以吉星多者爲善登山方不迷眼

文曲變換

困龍坪下十數里　忽然卓立星峯起
左右前後有送迎　貪巨武輔依次生
只得一峯龍便活　蛾眉也變輔弼形
男人美貌取甲科　女子定主家業興

註解

文曲平行十數里忽然起峯變出吉星便結貴穴用之
主男女俱貴

文曲貴賤

文曲星柔最易見　每遇旺方生側面
側面成峯身直去　直去或如絲與線
高山文曲少星峯　若有星峯輔弼同
平地蛇行最爲貴　半月蛾眉十分吉
若是此星接連擁　女作后妃入皇宮
若是硬如鰌鱔形　死龍散漫空縱橫
來此建宅與作墳　男好酒色女淫奔

註解

文曲柔弱常爲平行行至旺處或側面成峯在高山形似輔弼在平地形如生蛇若連起蛾眉金星結穴主出女貴若形如死鰌鱔又主淫亂相地者切不可俱以貴論尙其用目力之巧心力之精而詳審之

文曲變穴

文曲水星穴落坪高山依然是掌心行龍若間金水土結穴必須是太陰（文曲應山）

九天飛帛落田疇鋪氈展席界合收坪中蛾眉最爲貴
落在水口是魚遊
大山嶺下莫尋蛇恐是山腰溜脚斜若是眞龍有鼠蛤
若無鼠蛤是虛花
也有樓船出大洋一山萬水任渺茫穴在船心中間坐
八風巨浪亦可當（此言湖中結穴）
也有穴在深田裏沒泥之龜穴可取坐空朝滿水四圍
葬後富貴世無比

又有石穴水岩中犀牛口內產英雄大凡鰲魚皆尋口
尋得穴口福無窮
更有池中浮鴨懸棺水面貴無涯若遇雙金扛水穴
堆缶小穴培土嘉（此言文曲水中結穴宜培土葬）

廉貞龍格

鉅齒廉貞號聚火　此星形體最嵯峨
峯巔怪石甚高大　傘摺犁頭破碎多
起作龍樓與寶殿　貪巨武曲從此見

高尖是樓平是殿　請君來此細推辨
尖峯頂上亂石團　此處名爲聚講山
看他辭樓並下殿　分宗離祖迢迢遠
應星生處將龍行　此是分枝劈脈証

註解

廉貞屬火體甚高尖頂上怪石嵯峨破碎凶星也尖峯排列中間一峯獨高曰龍樓衆尖平列曰寶殿山頂亂石團聚一處曰聚講聚講以下其分枝出脈之處第一

星名曰應星爲行龍之主所謂分枝劈脈証也人若能識此証尋龍卻不費力

廉貞傳變

貪狼恰似筍初生　鐘釜卻是武輔形
方峯乃爲巨門體　最要來辨嫡庶行
却來此處橫生帳　一重入帳一重扛
帳中有脈穿心行　脈不穿心不入相
帳幕多兮貴亦多　一重只是富豪樣

數重帳幕是眞龍　帳裏貴人最爲上

天關地軸列兩旁　異石龜蛇守峽當

註解

此承上應星而言廉貞作祖傳出貪巨武之行龍其結穴之星與應星相同方是眞結帳下若有貴人出入過峽若有關軸夾護主出將相公侯名垂萬世誠非尋常之龍可比

廉貞吉凶

廉貞斬殺得自由　不統兵權不肯休
縱然身上無凶石　枝脚亦生亂石頭
行龍若變貪巨武　文武全才登宰輔
廉貞不作變換星　子身亂倫弑君父

註解

廉貞行龍身上若無石脚下亦必有石形如壁立若剣出吉星結穴主出將入相若不變換主出亂臣賊子似此不可輕用

廉貞結穴

廉貞惡石衆皆驚　誰識眞陽火裏精
此龍多向南方落　北面衆山俱朝迎
廉貞多爲顧祖龍　祖山遙遙是朝宗
水口之間生異石　定有羅星當水中
廉貞不變吉星峯　定隔江河作應龍
朝迎必應百餘里　遠望鼓角聲鼕鼕

註解

廉貞身帶惡石其形甚凶殊不知秉太陽火精極其尊貴傳出吉星必面轉向南結回龍顧祖穴主出王侯若無變換則爲大地朝迎作祖名爲龍樓寶殿作朝名爲鼓角梅花此山在百餘里外甚秀故曰遠望鼓角也

廉貞變穴

廉貞作穴犂頭形狀如令旗帶土金若無土金休下穴開口生水始堪針（廉貞應山金土結穴）龍樓寶殿甚巍峨生土生金氣始和土金峯起來作穴

回龍顧祖不差訛　（廉貞作祖最貴結回龍顧祖穴）
聚火最喜作朝山筆陣排列雲霄間遠入雲霄淸且貴
狀元宰相近天顏

武曲龍格

武曲星峯覆鐘釜　高爲武曲低爲輔
武曲端嚴富貴牢　輔星隨龍力薄厚
眞龍傳變向前行　臨落之時剝輔星
如梭如印如皎月　三三兩兩牽連行

前關後峽相引從　峽若多時龍猛勇

貪巨若無輔弼落　高山如何住得龍

註解

武曲屬金頭圓脚寬其形如覆鐘釜吉星也高大者爲武曲矮小肩曲者爲左輔凡高山行龍必要剝出左輔方能結穴若無輔弼跌落則龍氣不住此拒尸地也縱然作穴魄亦不安如何能發相地者須登場正坐四面環顧方知

武曲變穴

武曲作穴釵鉗裏金水三台穴最美回頭轉面顧祖宗
必須前官與後鬼（武曲應山金水結穴）
祖是廉貞巨爲宗平行微起串珠龍剝到金水天然穴
兒孫必定出三公
太陽金星如覆鐘鉗開一穴有神功乾遇巽時爲月窟
定產理學與神童
肥滿蠶金潤濶開平面中間任君裁面前若有近身案

葬後一紀發如雷
金土開面矮人肥粟陳貫朽不須疑金水蛾眉主女貴
兒孫必定着紫衣（金土結穴主富金水結穴主貴）
孤金面飽主生離軍賊屠誅長子悲金木換妻並殺子
金火瞎眼瘟病隨
金頭兩三露火脚乘金相水剪火作無水便成火爍金
安扦必須要斟酌（剪火葬金）
金頭木脚一樣同挨金剪木有神功若葬木星當代絕

五行生尅要知踪（剪木葬金）

破軍龍格

破軍星體如走旗　前頭高卓尾後低
兩旁危險落坑陷　壁立反裂峯傾摧
不知此星出六府　上有三台遠爲祖
然後生出七曜星　貪巨祿文廉武輔
高山平頂起雙胎　六星兩兩魚眼挨
雙尖定出貪狼去　雙圓還生武曲來

破軍皆受九星變　逐一與君仔細裁

註解

破軍屬金頭圓身斜拖脚尖長形如走旗凶星也高山平頂上生小星名曰六府即日月炁孛羅計是也平頂上如生兩小星相並尤貴蓋六府起祖見者甚少論者亦罕矣因更將破軍九變詳列於後

破軍變穴

貪狼破軍如頓旗一層一級名天梯出脈如帶落平去

穴結乳頭不須疑
破軍生出巨門來方峯之下列三台此是公侯將相地
就鉗安穴莫疑猜
破帶祿存似蛇行或如大木到地平生枝抽條剝換去
穴如戈矛自天成
破帶廉貞高崔巍水流關峽響如雷老幹峻嶒爲龍祖
脫盡破廉尋落梅
武曲破軍出高嶺昂頭恰似鶴伸頸嶺下出脈如象鼻

臨池蘸水方深穩
輔星破軍如幞頭兩旁有脚類拋毬莫向此間求正穴
前尋美局看兜收

左輔龍格

左輔正形如幞頭　前高後低駝相侔
腰間凹長杖鼓樣　或在武曲左右遊
此龍如何近武曲　只因分宗爲伯叔
分宗自作貴龍體　幞頭横脚高低去

忽起堆缶如螺卵　前面必須入深局

註解

左輔屬金頭高肩低身腰凹長吉星也多作貴龍侍衛故曰左輔武曲行龍兩旁必有此星若本身行龍則形如幞頭聳峙兩邊開脚高低均匀行至入首處必起堆壘而後結穴

左輔行度

左輔行龍正好尋　次第生峯無雜形

天門頭上生樓殿　寶殿龍樓甚崢嶸
樓高萬仞有池水　水是眞龍樓上氣
兩池夾出正龍脊　池若崩傾非大地
此中實是輔弼星　只分有形與無跡
有形則爲眞左輔　無迹隱曜便是弼
一剝一換尋斷處　斷處兩旁生擁護
平洋萬頃如浪鼓　盡是輔弼作起伏

註解

左輔行龍次第生峯中少間星樓殿乃大龍祖山天池
乃大龍旺氣凡大龍跌斷過峽兩旁必有輔弼以為擁
護行至平洋動而有形者是左輔踪跡隱微者是右弼
如此辨別方將眉目劃清不致有張冠李戴之病

左輔變穴

輔星原是貴龍相杖鼓幞頭同形狀平岡作穴燕窩仰
若在高山掛燈樣

右弼龍格

弼星本來無正形　形隨八曜高低生
要識弼星正形處　八星斷處隱藏形
隱藏過脈爲隱曜　此是弼星最玄妙
拋梭馬跡線入灰　蜘蛛過水上灘魚
鷺蛇入草失蹤跡　脈行地中暗來歷
坪中還有水流坡　高水一寸即是阿
龍到山窮落坪去　穴在坪中貴無敵
兩淮形勢平如掌　也有英雄出此地

奉天關東印書館排印

只看水注與水流　兩水夾處是龍脊

註解

右弼屬水其形無定不起高峯故名隱曜凡星峯跌斷落坪形如拋梭馬跡驚蛇皆是也平洋大地皆右弼所生脫盡殺氣結穴最吉故兩淮不起高峯多出英雄以其右弼清貴文秀無敵此蓋與魯邦多山廣產聖賢相同似此觀之大地祇在有氣無氣不在有山無山也何地無才信非誣矣

右弼變穴

弼星本來無正形常隨八曜過脈生要識弼星眞正體
拋梭走馬並蛇驚
九星穴法幾千般生氣全憑法眼看陰來陽受陽陰結
請君細認太極圈

九星作穴

貪狼作穴生乳頭變作巨門窩中求若變武曲釵鉗覓
祿廉梳齒犂鏵頭文曲穴來坪裏作高處亦是掌心落

破軍作穴似戈矛左右龍虎手皆收定有兩山來護衛
不然一水橫過流輔星正穴燕窩仰若在高山掛燈樣
落在低平似雞巢從有圓頭亦窩象此從剝換尋龍穴
尋得龍眞穴自特

天池

高山頂上有天池兩畔夾龍行過去問君山頂何生水
此是眞龍樓上氣樓殿之上水泉生此處名爲天漢星
天漢天潢入閣道必須入相居天庭池若傾崩反致禍

池中注水最宜淸更有衛龍在高頂水貼龍身入深井
更無水出可追尋或有濛泉如小鏡看他辭樓並下殿
出帳聳起是何形應星名爲龍少祖此是分枝劈脈証
凡幹龍必有天池此以下數條俱是統論行龍非專
指一星行龍言也天池水在山頂不溢不涸衛龍水
在山頂流出仍入石竅內濛泉即石泉必須澄淸透
亮如鏡爲美
應星

天下九星無正形凶星間得有吉星凶星作帳吉爲體
禍福全在間星取尋龍看變與看應吉凶全在換星定
大抵九星有種類生子生孫巧相似相似方知骨氣眞
剝換不眞皆不是

鬼星

問君何以知我落看他尾後圓峯作問君何以知我行
尾後搖動不曾停問君何者謂之官朝案背後逆拖山
問君何者謂之鬼主星背後拖短尾問君何者謂曜星

龍虎肘外爪牙生問君何者謂之螺小石散亂在溪河
大抵正龍無鬼山有鬼不出半里間橫龍結穴必須鬼
逆跳翻身穴後環鬼星長時奪我氣星辰亦有尖圓體
橫龍穴後若無鬼此是空亡絕滅地橫龍無纏又無送
從有眞穴不堪用九星皆有鬼形樣不類本身不入相

羅星

廉貞龍必有羅星此與火星作餘氣羅星要在羅城外
若在城內君須忌羅星若在城口間一邊枕水一邊田

田中有骨脈相連或爲頑石焦土堅羅星亦自有種類
惟生方扁與尖圓

水口

天下山山有破祿破祿交橫爲地軸祿存無祿只爲關
破軍不破只爲闌關闌之山作水口必有羅星在此間
大河之中有砥柱四川之口生灧澦大孤小孤彭蠡前
採石金山作門戶禹鑿龍門透大河便是當年大關處
太行走出河間府河南河北關兩守靈壁山來截淮水

馬耳山枕大江口海門一山鎖兩浙兩山相合如環玦
請君看此州縣間何處不生水口山水口關闌皆破祿
拖掛交牙似抱環龜蛇獅象一品貴日月北辰更非凡
水口若有百重鎖定有王侯居此間

巒頭指迷乾部終

巒頭指迷坎部

唐國師楊筠松 救貧 著

棗陽縣尹光忠 貞夫 改

棗陽何廷珊玉册註解
樂亭溫紹先繩武匯輯
開原田毓珍聘卿編次
彰武丁積善百祥贊修
黑山王維新作民參訂

首篇

疑龍經

撼龍經專論星體此經專論形勢尋龍者宜參用之

奉天關東印書館排印

疑龍何處令人疑　尋得星峯皆是枝
關峽從行並護托　矗矗旗鎗左右隨
幹龍長遠去無窮　行到中間旺氣聚
面前山水甚可愛　背後護龍皆返𤼵
君如就此問疑龍　此是大龍迎送隊

註解

幹龍叢巒疊障擁聳而行枝龍身上俱是九星正體行度中間枝葉迎送似有結作若前山回抱後纏反背則

是大龍迎送隊非腰裏落也若誤用則害人矣

大龍行遊去茫茫　枝龍盡處有旗鎗
旗鎗也是星峯作　圓淨尖方高更卓
就中尋穴穴却無　幹去未休枝早落
枝龍身上亦可裁　半是虛花半是胎
若是虛花無朝應　若是結實護送回

註解

大龍氣度甚長結作甚遠平平無奇多把人迷惟枝龍

係夾送大龍之隊縱兩旁起峯而無關峽迎送及至到頭比幹龍先落以其為大龍爪牙故也且出身無束氣結咽那能有穴縱有一二處可取也要看其朝應何如不然則盡是虛花當置之不理

幹龍身上不生峯　有峯皆是枝葉送
時師見此龍是幹　的向身上遠追踪
尋龍行至幹龍窮　二水相交穴受風
風吹水刧非眞穴　追尋到此是疑龍

請君看水交纏處　水外有山來朝聚
翻身顧母顧祖宗　此是幹龍眞局勢
宛轉回頭似掛鈎　未作穴時先作朝
朝山皆是宗與祖　不拘千里遠迢迢

註解

盡頭乃是大龍餘氣風吹水刼斷無結作須尋翻身逆水處而結回龍顧祖穴也如此用法力量甚大福蔭亦濃髣髴我有富貴外人亦來奔走我也兄與我同其祖

宗猶有不親密者乎

疑龍何處令人疑　尋得星峯皆是枝
枝葉亂去無正穴　尋龍到此又狐疑
祇因不識兩邊護　却愛飛峯倒脚隨
飛峯斜落是龍脚　脚上生峯一邊卓
兩邊起峯爲護從　正龍低平最貴重
星峯兩邊轉朝揖　揖在穴前爲我用

註解

飛峯身直面側枝脚盡頭處多生此星大龍却是平行必落坪結穴若枝葉護從星峯卓立者皆大龍用神也俗師無知多有在枝腳上點穴猶如在樹葉上尋果也有何益哉

問君州縣正龍身　大浪橫江那有峯
起峯皆是兩邊脚　去爲小穴爲村落
大凡尋龍要尋幹　莫道無星又無換
君如不識枝幹龍　每見幹龍多誕漫

奉天關東印書館排印

不知幹長纏亦長　外州外縣山爲伴

枝上節節是鄉村　幹上時時斷復斷

註解

幹龍形勢如北辰居所而衆星拱如大君在上而百官朝故曰外州外縣山爲伴也彼具寸光之眼者焉能放開眼界察識周徧乎至於枝龍係幹龍枝脚不過結小村落耳有何長濟

分枝劈脈散亂去　幹中有枝枝有幹

百里必有小幹龍　兩水夾流尋曲岸
請君再看水口間　水口交牙內局寬

註解

幹龍必逆水結穴故曰尋曲岸面前必山水大會故曰內局寬此等結作必過三關五峽氣力方足人若眼不到脚不到心不到未必能識得到見得到捉得到

左右周圍無空缺　更看朝水與朝山
前山橫過分枝脚　枝上作朝首先下

首作星峯起尖圓　雙雙對對列我前
大爲排衙小唱諾　如魚比目蚕並肩
朝山餘氣作水口　與我後纏兩相湊
交牙攔截水不流　不放一山一水走
請君到此看明堂　外山包裹內平洋
明堂惜水如惜血　穴裹避風如避賊
莫令空缺被風吹　莫使溜牙遭水刧
君如識得幹龍局　千里封侯居此地

註解

此段統論朝案明堂與下砂水口若是大地必前山橫過後山轉抱中有一條岡巒極大開平面直至下砂前後二山關鎖嚴密故曰不放一山一水走也相地者愼毋以後纏認作前案倘係後纏必無明堂若是前案必有朝水能識此地即知封侯洵可謂陸地神仙矣

中篇

尋龍要識枝中幹　長作京都短作縣

枝中有幹幹有枝　心裏能明口能辨

也有幹龍夾兩水　更不回頭直結地

祗要前山朝拱來　更看衆水同聚會

衆水聚處是明堂　左右交牙鎖眞氣

兩邊護從必纏抱　下關定有交結秘

註解

幹龍正結必跌斷落坪以脫殺氣面前必山水大會下砂必關鎖嚴密縱有不迴頭直結者猶必須尋至水口

交結之處見其龍虎不逼不壓相親相媚明堂開展水
聚天心即是眞諦

尋龍行到盡頭窮　兩水夾來風蕩散

右尋無穴左無形　無穴無形却回轉

註解

前段言幹龍到頭有穴情此段言幹龍到頭無結作誠
令人可疑也然言其可疑實爲人解疑

轉身尋到分劈處　惟見縱橫枝葉亂

爲君決破此疑心　枝葉亂時分背面
假如兩水夾龍來　屈曲翻身勢大轉
兩邊皆有山水朝　龍虎明堂俱周全

註解

如此形勢真令人可疑人若能破其疑方成慧眼不迷
此龍背面未易分　心下狐疑實難判
須知貴穴有鬼星　若是花假無正案
龍面必然寬且平　龍背峻嶒多陡岸

君如識得背面時　尋龍辨穴有何難

註解

此段論龍之背面斷案明白可以打破疑團

問君疑龍何處難　衆水夾來有衆山

東方看西西甚好　西方看東東又妙

君如遇見此山水　眞假貴賤果孰是

註解

山水皆好此眞龍藏拙穴難尋也俗眼人若遇此山水

那能不受其迷惑
必須參究龍長短　星辰凶惡與善良
貴龍出身有氈褥　龍有氈褥莫比倫
問君氈褥如何辨　氈形方平褥鱉裙
貴龍重重出入帳　賤龍無帳徒自狂
十山九水來聚會　貴龍居中必異常
眞龍不肯爲朝見　假龍起止星不端
眞假貴賤如能辨　便是人間地理仙

註解

此段將龍之眞假貴賤分斷明白實在指人之迷不啻當面告語也人若不醒終爲人中之鬼人若能醒便是地上之仙可不悟哉

詳看朝迎在何處　中有橫過水環聚

背後山水纒遶回　却合前朝水相會

前後山水作一關　更有羅星塞口邊

尋龍深入垣局內　的有眞穴在此間

註解

此段詳論朝案堂局水口以定穴情直若與明師登山當面指點淸析也縱大地爲天珍地祕不肯輕洩而茲則已漏此春光也夫復何迷

也有眞穴無朝水　祗有朝山爲近侍
惟喜案山逼水轉　不喜隨流順水勢
也有眞穴無朝山　祗要諸水聚穴前
汪汪萬頃朝明堂　此穴斷非中下地

君如要識眞正穴　請向下篇看詳細

註解

經云水來當面是眞龍大凡眞龍結作俱是迴頭顧祖方有力有勢此言眞穴無朝水是順結也有何勢力然究不知龍雖順而案則逆將水逼轉決主永遠富貴況汪汪萬頃朝明堂與諸水聚於穴前乎

下篇

龍已識眞無可疑　更有疑穴費心機

大抵眞龍臨落穴　先爲假穴貼身隨

註解

眞龍最恐人知多隱隱隆隆葢天特留佳穴以與善人也然又不能不洩漏假穴以賞人眼此殆若苗之有莠若粟之有秕焉倘能識此眞假猶必待高明而始辨

穴有乳突並窩鉗　更有平陂左右偏

乳突之穴怕風吹　風若吹來人絕滅

鉗穴如釵掛壁隈　惟嫌頂上有水來

突穴要居圓心裏　挨左挨右須取裁
窩形還要如燕巢　圓凈不容少傾攲

註解

此言正格眞穴猶須斟酌明白如一見窩鉗乳突即冒然點穴豈知上下左右有病縱得正格眞穴也是誤人

山來猛勇勢難遏　就是尖形也作穴
祇要前山回抱轉　扞着眞形官不絕
也有高峯下垂帶　也有昂頭居隴首

也曾見穴在平洋　周圍四畔無高岡
也曾見穴臨水際　時師或嫌沒包藏
更有兩脈合一氣　兩穴三穴同一場
穴法至多難俱陳　識得龍眞穴始眞

註解

此論怪穴甚多俱一一指明或不致坐談了然登山茫然而識得龍眞穴的矣

眞穴必須有正案　儼如賓主相見親

出人短小與氣寬　皆是明堂與案山
明堂寬濶氣槪大　案山逼迫人凶頑
案來降我人慈善　我去伏案貴反賤
案形若有雲霓樣　善人享年必長遠

註解

此論堂案之大小以斷生人之貴賤誠地靈而始人傑也故詩曰惟嶽降神生甫及申可謂明証相地者須將葬乘生氣歌熟讀細審方知其情

眞龍藏拙穴難尋　惟有朝案識倖心
朝案高來高處點　朝山低來低處針
朝山亦自有眞假　若是眞朝特來此
若是假朝山不來　徒愛尖圓巧如畫
朝山最是龍穴証　不必求他玉尺量
龍從左來穴居右　龍從右來居左邊
左右低來在低處　左右高來高處安

註解

此論點穴之法倘不遵此法守縱得吉地不得眞穴如棄尸也相地者可不慎歟

穴有天地人三刼　最怕刼去不回轉
天刼原是龍身去　去不復返便是乖
枝脚曲轉作關攔　金玉滿箱旺丁財
地刼穴下拖長嘴　退田筆動土牛走
面前山水若橫攔　地刼依然增福祉
人刼當從向上求　面前空濶要遠朝

遠望山水來拱揖　信是人刧不爲妖
龍穴經中究至理　請君口誦且心維

註解

此段詳論穴之三刧若有山水朝拱雖凶亦吉若無山水朝拱雖吉亦凶此法祗可以意會不可以言傳神而明之存乎其人庶地理之道備矣想楊公當年諄諄指點言簡意該到底不懈人若能將此經熟記於心巧辨於目而更能妙用於手自然天下後世無貧賤而有富

貴即楊公再世亦不過如此之奇技施行焉有志者高
其勉旃

巒頭指迷坎部終

坎部補遺說

巒頭指迷之書余按八卦分爲八部惟坎部祇有十四篇與餘七部厚薄不符因將諸公所贈之叙與余所作故鄉勝地之詩同附於後以補不足夫故鄉勝地能與坎部所言之勝地相伯仲者惟白水村竊此村係光武發祥之處唐韓文公路過此村見其山環水繞許爲飛龍穴因想起昔日麥秀竟成爲今日黍離遂不禁有感即口占七絕以誌

意其絕曰白水龍飛已幾春偶逢遺蹟問耕人坵墳發掘當官道何處南陽有近親噫他鄉之人猶能見地起興故鄉之人焉能過境忘情廻憶四十年前於上已拾翠踏青沿村玩景於重陽登高作賦指村咏吟今雖相去甚遠相思甚殷本欲繪圖立說無如手拙難成衹得鈔襲陳句勉湊新律難免若東施效顰徒自增醜也然戀舊心切姑命其題曰白水村懷古固表我飲水思源之意亦顯其

故鄉山川之勝蹟識者諒之

白水龍飛已幾春 韓文公 鳳樓迴首落花頻 盧照鄰 曾經轉
戰平堅寇 韋應物 重與江山作主人 白居易 殿上袞衣明日
月 林洪 苑邊高塚臥麒麟 杜甫 相逢莫話金鑾事 歐陽修
魯酒何堪醉近臣 羅念菴
汀月寒生古石樓 賈島 漢家宮闕動高秋 趙嘏 風吹雨
色連村暗 法振 樹夾河聲繞郡流 姚揆 翠輦不來金殿
閉 雍陶 香烟欲傍袞龍浮 王維 洛陽親友如相問 王昌齡

鸚鵡籠中語未休 魚元機
水村山郭酒旗風 杜牧 玉樹歌殘王氣終 許渾 一自神
仙留笑語 李山甫 更無塵土翳虛空 韓偓 瑤臺含霧星辰
滿 李白 紫禁朝天拜舞同 皇甫曾 歇馬獨來尋故事 李涉
數聲雞犬翠微中 劉成
柳色參差掩畫樓 司馬禮 蒹葭楊柳似汀洲 許渾 朝元閣
上西風急 王建 破額山前碧玉流 柳宗元 商女不知亡國
恨 杜牧 白雲猶是漢時秋 岑參 九天閶闔開宮殿 王維

絕頂高窗見沃州 賈島

四顧山光接水光 王安石 樓臺倒影入池塘 高駢 千條弱

柳垂青瑣 賈至 一朶紅雲捧玉皇 蘇軾 花萼夾城通御

氣 杜甫 芙蓉別殿漫焚香 杜甫 爐烟乍起開仙仗 皇甫曾

繞仗偏隨鴛鷺行 王維

數行烟樹接荆蠻 曹松 夜見星辰憶舊官 皮日休 匹馬南

陽諸士會 釋皎然 六龍西幸萬人歡 李白 露和玉屑金盤

冷 杜甫 月射珠光貝闕寒 賈至 符命已歸如掌地 陳希夷

奉天關東印書館排印

蠻鄉今有漢衣冠孟浩然

借問中興事若何張志和　中原從此定干戈亂語　客星辭

得漢光武張南史　勳業終歸馬伏波武元衡　萬國衣冠朝帝

闕賈八舍人　八方儒士起巖阿魚元機　嚴陵樂釣富春畔抱璞子

白水龍飛不及佗沈亞之

芙蓉闕下會千官王維　誰道君王行路難李白　積水長

天隨遠客錢起　伏波橫海舊登壇張謂　清風明月原無

價魚元機　疊巘層巒坐可觀李喬　欲識蓬萊今便是周朴

玉山高並兩峯寒 杜甫
白水眞人去不來 呂巖 村中惟有鳳凰臺 李商隱 星河似
向簷前落 元稹 城闕秋生畫角哀 杜甫 細草偏承迴輦
處 蘇頲 巖花應待御筵開 宋之問 王侯第宅皆新主 杜甫
遶屋扶疏樹更栽 薛昭蘊
高樓突兀倚晴空 李中 迴首殘陽雉堞紅 樓白 草木盡
能酬雨露 王維 山河無力爲英雄 歸仁 漢家城闕疑天
上 沈佺期 武帝旌旗在眼中 杜甫 萬象曉歸仁壽域 温庭筠

卻疑身到廣寒宮（胡宿）

長夏江村事事幽（杜甫）　青山不改水長流（呂純陽）　珠簾繡

柱圍黃鵠（杜甫）　金勒銀鞍控紫騮（崔液）　便有好風來枕

簟（李中）　更憑飛夢到瀛洲（胡宿）　纔知五色鍾王氣（韓文公）

近接江南十二樓（乾隆）

朝市如今不是秦（朱灣）　星峯磊落是龍身（楊筠松）　嘉禾雙

穗盈千畝（林和靖）　綠樹重陰蓋四鄰（王維）　片石孤雲窺色

相（李頎）　荒祠野店對荊榛（白玉蟾）　嚴光萬古清風在（吳融）

何處南陽有近親 韓文公

白水村在邑南四十里自韓文公許爲飛龍穴後世欲圖壽葬者不可勝計奈俗師眼界不明太都登山茫然也前清邑紳劉某特請尹貞夫先生將地查認而又兩次天人有阻未獲果葬信乎大地爲鬼神所司必留與有德者居焉然猶有人曰擇地安親本屬孝行天豈阻人行孝哉然又思之天不阻眞孝之人天必阻僞孝之人夫眞孝擇地冀

父母不受風水之害僞孝擇地求子孫永享富貴之榮此蓋不敬活佛敬死佛不爲先人爲後人又安有忘本逐末者所能沾其福蔭耶試粵稽古之至孝者惟老萊殆惟聞戲彩悅親敬堂上之活佛卒未聞擇地安親敬泉下之死佛及細察伊之子孫俱莫不奕葉簪纓其不爲子孫計而子孫猶極昌盛人以老萊爲法也可雖曰其人甚遠而其室則邇山莊猶在一見其地如見其人矣故以老萊

山莊命題集成七律以爲孝思錫類記

山莊斜日靄餘輝胡宿 想見當年膝下依張祜 三聘不知朝魏闕張南史 一生長是戀庭闈李山甫 烏啼老本悲空井李郢 水映殘霞試彩衣陸龜蒙 我有高堂陳定省許棠 思鄉惟有夢魂飛白居易

吾集此律一則揚老萊之孝一則宣吾人之逆蓋吾自光緒丁亥年宦遊遼東地之相去也五千餘里時之相違也四十餘年不惟未敬活佛而死佛

亦未敬嘗亦思烏反哺羊跪乳禽獸猶有父母況人乎竊人非草木不如禽獸又有何面目於宇宙間乎倘天假之年或可報深恩於萬一如昊天不惠難免爲名教中之罪人百身莫贖矣因自思曰維萬不得已祇可作長恨詩一律以寫其無可如何之意其詩曰

蓼莪誦罷恨終天迴憶雙親痛可憐膝下有書勤指點懷中無枕抱頭眠三年乳哺恩難報一瓣心香火欲然

縱得佳城慚未掃傷情泣望楚山巔

人子葬親高築塋臺蓋欲春秋二祭有所憑依而已若吾於父母之塋臺所築甚高又於父母之塋臺所隔甚遠一在楚北一在遼東露之冷也不能化紙錢霜之寒也難以送麥飯祇可布奠傾觴哭望天涯略盡心香一瓣耳然吾又思之與其念父母之塋臺於山中曷若繪父母之塋圖於紙上或展卷讀之即如臨父母矣因於是繪圖以爲據

寅山申向

右格在湖北棗陽縣南鄉一百一十里吳家集西南五里地名乾坑桐樹灣子處係珊葬

先考資政大夫諱元然公之地也其龍由洪山起祖行至界山坑大斷過峽頓起分水嶺一路金水曲折而來將入首抽出巨石形如棺材俗名石棺材隨從石中透出一脉翻身聳起華蓋三台木星開口結紫氣穴腳下橫拖一砂謂按劍案對文星田水特朝案外霞帔呈秀水口北辰捍門作向上二七局主出富貴清高之人

壬山丙向

右格亦在吳家集西南三里地名獅子頭係珊葬
先妣鄭太夫人之地也其龍先結朝案兩重行至松林
寺前山大斷過峽卽頓起三台文星橫開个護中抽出
脉磊磊落落無數曲折傳到刀背嶺起火星一座蒼老
異常隨從山頭吐出金星兩節端正秀麗毫無偏倚復
從金星脚下脫卸平岡左棲右閃側落山頂大開窩靨
虎砂一搠橫攔成蟠龍格案頭帶石謂搢笏朝天轎兒
山官星障於前青龍觀羅星守於後案外文筆遠揷雲

霄堂前唇氈逆對溪澗送龍水轉爲朝堂水環繞玄武
而去作山上一六局主子孫離鄉富貴
以上二圖均是成局但不能歸祭精魂何依因在
鐵嶺縣南六十里九山懷設立虛祖作爲先墓以
便祭掃有所憑依然猶情不自禁復爲吟云
一到遼東四十春迴思父母痛傷神雲山雖已安家主
風木渾於視路人靑塚築成空想像黃泉掘透假埋親
奉行故事隨鄉令謬說天涯若比鄰

孟子曰惟送死可以當大事若徒立虛祖本是虛事何足以當大事哉然遼東習俗凡立新塋必立虛祖謂之招靈葬余入鄉隨鄉不得不然記曰禮從宜事從俗余於事從俗不知於禮宜乎不宜惟願有識者明以教我因試將招靈塋圖敬繪

左格係九山懷招靈葬之地也其龍遠不詳述惟入首頓起寶蓋三台中抽一節落坪結穴龍砂轉案帶印朝山當堂拱揖水歸乾庫作一六局洵三元不敗之地

癸山丁向

巒頭指迷叙

人生快意之事一在不期得而得之物一在不期遇而遇之人夫物不期得而得之如獲珍寶抑人不期遇而遇之如覩帝天蓋人有三生之幸物有再見之緣若非吾鄉誼尹鶴田爲之間接亦安有如是奇逢哉竊鶴田由選拔出身知湖北棗陽縣事聞該邑有貞夫先生係屬同宗不惟品學兼優而且風水擅長遂卑禮厚聘而先生不入公門僅將手著地理䠞參藉便呈上鶴田解

組時攜書歸里令余閱之余百讀不厭未或釋手旋照本謄錄置之案頭此非所謂不期得而得之物乎余今於民國元年宦遊遼東館於懿路適有棗陽何玉册先生亦遷居此鎮即命子正印從余受業先生不時往來與余談及文字地理諸經余即將尹貞夫先生羅參出之先生見而喜曰此又係物有再見之緣也君何由而得之余因歷述得之之由先生曰吾鄉僅有此稿未嘗成帙今已得之可以付梓因商余重加校閱復行刋劂

轉易其名爲巒頭指迷噫此書而遇先生固爲此書之
幸余攜此書而遇先生亦爲吾之大幸也非所謂不期
遇而遇之人乎自是以後先生與余訂爲知己結爲同
盟始賜余以玄空追宗繼示余以楊公眞訣至於先後
二天之變爻順逆九星之微奧口授指畫無不罄告實
照經云蹈松實照眞秘訣父子雖親不肯說若人得遇
是前緣天下橫行陸地仙蓋謂此也余奉勸業斯術者
果能誠意以學正心而行不尙江湖不貪貨賄自有明

師爲之指迷不然者一在湖北一在山東何以相遇於
陪都之地而得其地理心傳之蘊此洵非事之偶然因
援筆而爲之叙

時在

民國庚申年小陽月下浣吉日山東臨沂縣前清郡增
生現充奉天文華中學校漢教習如弟梁振翰幹
宸氏謹叙於本校安心宿舍

巒頭指迷叙

鄂省南界長江西臨大別山川靈秀毓產人文自古惟楚有材以迄于今奈地隔數千里恨未能一晤賢豪親領雅教吾何修而得遇棗陽何玉册先生筆參造化學究天人帳設楚北幕遊遼東凡各處封疆大吏莫不爭相聘請奉爲上賓故佐戎於行轅曾作露布常衡文以取士盡步雲梯且案牘勞形頻年修史帷幄畫策屢次上書其經濟學問既展布於當時而德行文章復流傳

於後世當不徒精於詩律明於地理擅一技一能之長
也然久聞令譽未覩丰規直以先生爲勢利中人不謂
先生爲名教中人經子剛介紹乃一見輕裘緩帶藹然
羊叔子之儒風羽扇綸巾儼然諸葛亮之雅度當面求
先生爲家兄卜宅甫葬一年小姪中式是吾家功名富
貴誠先生所賜也但未久談心即行分手望渭北而神
馳春樹思江東而心切暮雲幸去冬復見先生於王門
盧山之面目依舊秋水之文章更新重與細論對坐忘

形先生即出巒頭指迷示余囑余作叙余不但地理不明且於文理不通焉敢妄弄小技貽笑方家然顧念余與先生交深莫逆義又不容以不文辭故捧讀是書一次始知山有頭則有穴譬如人有頭則有口因當時地師迷而不悟特著此書以指之其說理之確認脉之眞來龍去水無不分明洵可謂黃帝之制經青烏之導師也余固極快讀之想世之談地理者亦必爭先覩以爲快不翼而飛不脛而走應以是書爲先路若舍是書而

讀他書無異瞽矇失路一物無所見一步不能行者焉
其誤己誤人豈淺鮮哉是爲叙

時在

中華民國癸亥年夏歷正月元宵日前清工部筆帖式
瀋陽金光甲子聯氏韡叙於城北朱爾屯耕餘齋
之南窗下

巒頭指迷叙

巒頭爲體理氣爲用之說堪輿家類能言之而考諸實際講巒頭者多遺理氣重理氣者或舍巒頭各執所見互相牴牾聚訟紛紛幾無可據此無他體實未明用無由達也自有楊公救貧著撼龍經論星體著疑龍經言形勢廣大精微爲後世尋龍點穴者立不刋之法程楚壯棗陽尹公貞夫深得二經之奧旁及名師之作輯成地理匯參於巒頭切實發揮爲他書所不逮何玉册先

生與尹公爲同邑又爲同道治形家言者數十載日以明體達用是務理氣秘訣早已精透故著有玄空追宗之書近尤服膺尹公地理匯參本其所得於已復欲傳之於人遂就斯書詳加批註掃除異言標明眞旨不惟以術售世者可資以啓其蒙惑即世之不敢薄於親者亦可執此書以卜宅兆而有所依據不至於茫然先生指迷之功又豈在尹公下哉時在

民國甲子年上元日單豫升瑞卿叙於奉天高等法院

巒頭指迷敘

老友何君玉册以棗陽名諸生宦遊來奉垂數十年生平精究陰陽家言本其所得涉歷關內外名山大川爲實地之驗春秋七十有五精力強固各地薦紳之家與夫知交故舊有卜兆及構宅事者相要無虛日君靡不應焉凡所指示輙令時師心折而君初未嘗以術自炫於世丙寅季秋君出所著巒頭指迷囑爲之序披閱一過乃以知君之學有本源近則尹先生貞夫遠則楊國

師救貧淵源所自薪火遞傳而又博稽歷朝先哲遺著擇精語詳固非俗流耳食地理雜說襲江湖派以售欺者所可倫儗也夫巒頭二字爲君所揭櫫其旨實本於尹氏之地理滙參而尹氏則深致力於楊氏之撼龍疑龍二經撼龍辨析星體疑龍剖別形勢而星體形勢大半以山峯爲根據山峯即巒頭巒頭既審不待推求理氣而自莫能外蓋宇宙間皆一理之所範圍一氣之所磅礴理氣無形而巒頭有跡考諸無形而難顯不若探

諸有跡而易明此君之所以標著巒頭並非於理氣之外獨樹異幟爲楊尹二公之敵也指迷之作發揮透闢既爲前賢闡其秘奧即爲後學引之康莊孟子云賢者以其昭昭使人昭昭言不自迷而始能指人之迷也世有習堪輿之業登山涉水惶惑無主者得是書而研窮之豁然於心瞭然於目尋龍點穴如數掌紋則謂君造福人間足與楊尹二公爭烈焉可也時在

民國十有五年雙十節前一日愚弟瀋陽張志艮謹叙

奉天關東印書館排印

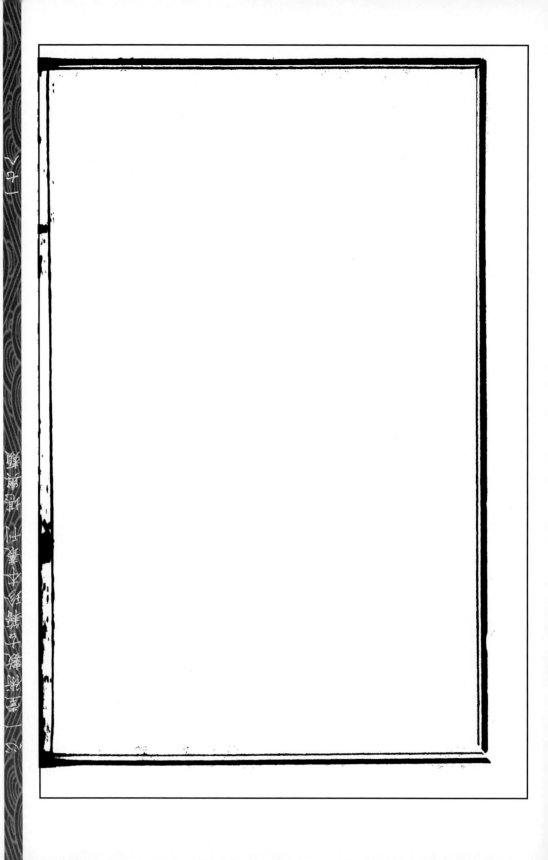

巒頭指迷敘

天有難窺之妙蘊地有莫測之機關彼窺之測之者有幾人哉若乃參天地之至理探天地之玄微度天地之形勢悟天地之消息仰觀俯察別有會心遠矚高瞻獨具隻眼天地雖大不難以一目了之天地雖奇不難以一理推之天地雖廣不難以一心括之此天理地理既足以會其通自天理地理有可以神其用也能乎此者可以謂之天人可以謂之地仙可以謂之大風鑑吾閱

歷多省未見達人茲何幸而遇楚北何玉册先生先生
爲釁陽之貴紳爲芹泮之傑士考道名山旣膺殊選參
求地理亦得明師於光緒十三年隨欽差來瀋未幾欽
差逝世先生出城妻紫兒朱懶爲公門政客墨耕筆耨
願作硯田生涯聆金聲玉振者皆琢就明堂之器被春
風化雨者悉培成上苑之花余見其同學少年多有不
賤因請問先生教法何如是之善然其時有先生大門
生田聘卿與余言曰我師教讀不惟於理學有益且於

數學有益講理氣著有玄空追宗講形勢著有巒頭指
迷余捧讀是書恍然大悟始知今是昨非幸適迷途未
遠矣當今之堪輿求其如先生之精於地理達於天理
而通於性理者未之有也洵不愧具經天緯地之才行
翻天倒地之術而與天地並立爲三補救天地之不足
焉舍先生其誰與歸中庸云肫肫其仁淵淵其淵浩浩
其天古人有然先生亦有然噫先生固異人也亦神人
矣余願求金丹換骨破其沉迷但不知先生許乎不許

余只得瞻依門外援筆直叙

時在

中華民國丙寅年小陽月山東登州府蓬萊縣前清郡

庠生師範傳習所畢業後學王朝陽謹叙於開原

貞元堂之靜修齋

巒頭指迷敘

形家之書始於黃石青烏盛於楊公慕講而世所賊溺而不可卒解者平砂玉尺而外散見於雜說夫溺於利欲不識地理挾術以求食者其迷小溺於意見臼衒風鑑撰書以惑世者其迷大而主家之迷信尤大可危也蓋迷信不正之術則害及身家迷信不正之書更禍貽後世非不尋龍辨穴而是非非是卒至養稂莠者傷禾稼惠奸宄者賊良民甚矣不識地理不識地師者其迷

茫貽害無窮也尹貞夫先生獨具慧眼昌言救世著巒頭匯參一書紹晉唐以來地學之傳闡管郭諸子未言之秘眞眞假假逐節辨明如逢名師登巒頭以指點誠爲渡迷津之寶筏指迷途之南針也因更名曰巒頭指迷特此文鈔錄錯訛帝虎魯魚層見疊出則指迷者反足增人之迷惑焉何玉册先生有鑒於此重加修正詳爲註解言理言氣自覺覺他登彼巒頭可以知結穴落脈有此指迷庶不至陰錯陽差將使習青囊者別具巨

眼以卜佳城令生者財丁兩旺化者棲神得所求福免禍道在是矣是大有功於天下後世也新與　先生友也亦師也是書之成新嘗謬爲參訂欲窮其變略會其旨則謂斯書指新之迷也可

時在

中華民國歲次丙寅夏歷十月上浣之吉黑山王維新作民甫謹叙

巒頭指迷叙

曩者聖人之作易也仰以觀於天文俯以察於地理又曰立天之道曰陰與陽立地之道曰柔與剛此地理之說所由昉也至於詩云相其陰陽觀其流泉此非地理尤大彰明較著者乎自秦唐以後精此道者代不乏人如晉之郭景純唐之楊筠松皆深造乎玄妙之極曠代難逢矣降及於今言地理者三曰家形家法家其論龍有穿透盈縮論穴有來脉立向論砂有推星卦例論水

有輔星納甲三家競起各執一是種種立法細微不知是行地理者早已迷惑又安能令學地理者之不迷惑哉吾師何公玉册獨得楊曾心法於千百世下理悉歸一言有實徵恐人之迷於理氣先著玄空追宗恐人之迷於形勢復著巒頭指迷 珍 從吾師讀玄空追宗之書全知一百八十年之氣數讀巒頭指迷之書盡知九十九變之星辰是書誠可謂地理之宗工哲匠也 珍 於昔日迷而不醒於此日醒而不迷追隨已久獲益良多不

惟珍一人沐我師之教澤即珍之子孫亦沐我師之手澤蓋我師爲我父母指一吉穴立見禎祥絲毫不爽是我父母之體得其安而珍與子孫之心得其安且不惟珍與子孫之心得其安即珍與他人所卜之宅所葬之墳家家起色處處回春而他人子孫之心亦均能得其安此雖出於珍之手扞實遵夫師之心傳推而廣之擴而充之豈惟令一人一世被其澤哉我師之功德誠造福無疆永傳不朽矣後之人與我同志亦於地理破其

迷惑俱知翻天倒地咸如撥雲見日安自已之先靈更可安他人之先靈豈不懿歟豈不懿歟所可惜者師待珍之情長珍叙師之紙短言不盡意夫復何爲因於是載歌曰峴山蒼蒼漢水泱泱我師之風高山水長

時在

民國十五年歲次丙寅梅月吉日門生田毓珍謹叙於

開原貞元堂映雪書窗

訪道尋師記

今而知地理之學未可爲僞術誤也著自成童時即嗜好相地之術第生少聰明解字不多又苦乏師承徒勞探索弱冠後情殷就正到處尋師奈踏徧東城高人罕見大抵由業斯術者多宗僞術少得眞傳縱有一二望重者於元運理氣俱未精通核其實不過較著之所學略高一籌耳宜從宜違莫衷一是以故數十年來如夜行幽谷東衝西撞始終不見一線光明殊可歎人生在

世於此道卒無由得深憾未御博望槎難探明星宿海
矣然訪道尋師之心究未嘗一日忘也去歲客奉省見
一處陽宅開門立向大有深義知非精通玄空秘旨者
不能如此辦理因切實訪問爲誰有告者曰此宅係楚
北何玉册先生爲大帥所指也善　即思往拜投刺無門
只得遲遲數日靜待機會幸又有告者曰先生著有玄
空追宗之書寄賣某處善　往購之於是竭力終夜讀至
三册不啻掃淨羣魔得覩如來始知昔所記聞者皆僞

術也然今雖得玄空之書未得玄空之訣若不蒙明師指授如無金丹難以換骨欲拜投門下又無人爲之先路善尤不敢率爾造府嗣經介紹有人屆期人又他往越日邀與介紹同行又值夫子公出默思不遇我師得毋天故靳其遇以堅躁進之心歟抑或鵠待無緣終不獲親承師訓歟不然者何相需甚殷甚遇當疏也噫我知之矣天下事求之愈急者得之愈緩師生遇合必有定限倘時尚未至謀一面而猶難若時之已至見百回

而不厭特遲之又久果得聞夫子下榻之處善不揣冒昧躬親造謁乃一見我夫子品雖高而下士骨雖傲而禮賢其器量深宏儼若黃叔度萬頃波濤不可擬議也善本不才我夫子不棄葑菲視爲楨幹遂面諭曰爾看玄空追宗不過知地理之運曷若看巒頭指迷可以知地理之形善應曰唯唯必惟命是聽自此師生投契受業於門我夫子喜曰吾之道行於北也奈旋因客到未盡欲言然片刻啓迪已如坐春風月餘矣以後隨侍夫

子因應酬紛繁未敢瑣瀆復面諭曰俟入伏後再傳心法 善 屆時而往我夫子仍依然無暇又面諭來正可以偷閒細論 善 覩桃符已換花燈澈明遂冒雪趨投愧無束修但聊湊一律二絕以作進見之贄想夫子至教無私必不忍驅逐門外鳴鼓而攻也乃一入宮牆得瞻美富將玄空大卦和盤托出 善 不惟巒頭不迷且於理氣不迷吾願世之迷夢者共聆我夫子之指授也可是爲記律絕附後

其律曰

玄空妙訣得眞傳入世名儒出世仙杖履追隨深恨晚門牆列侍苦爭先迷津迴首傷前渡聞道關心幸暮年從此參無兼識有癡思望覩大羅天

夫子步善原韻七律二首

大道從來不易傳得傳便是地中仙三元理氣知生死一卷圖書識後先少已多經無償事老當益壯勝童年才疏我愧稱師範願藉良明養性天

來從千里訪師傳奈遇書癡未遇仙探索羲皇惟我
晚研窮河洛讓君先五行生尅非無限八卦輪迴定
有年參透玄空玄妙理纔知眞正地人天
其絕曰
空中色象欲齊收花裏尋師紀勝游尋到杏壇師未
遇權書片紙向師投
塵緣滌淨叩鈞安天上慈雲望欲漫若得玄空眞妙
理再來百度不辭難

夫子步善原韻七絕十首

先生名利已兼收懷抱經論到處游今反以能來問
我我何能力向君投

乾坤兩大望中收萬里江山盡目游似此開通天眼
透何須訪道把師投

欲作門生那敢收相親只可作交游法財就是眞財
禮桃李何須供我投

海內賢才未易收龍門無價有誰游惟君不棄吾門

陋膠漆情投意氣投

武城爲宰衆賢收善用人才屬子游我事子游師不

受君何師我遠來投

不得眞傳意不安尋來何怕路漫漫先生眞是鐵羅

漢忘却風霜跋涉難

飛宮掌上把星安指破玄關抉破漫眞訣本來無字

義一言以蔽有何難

惟求至理不求安大雪紛紛盡路漫遙憶程門立雪

奉天關東印書館排印

苦君來冒雪苦尤難
三合盤中墓養安如行幽谷被雲漫閻浮誤盡英雄
漢不見青天見日難
欲其自得則居安茅塞於心削去漫左右逢源開慧
眼仰觀俯察不為難
時在
中華民國丙寅年一陽生日彰武門生丁積善百祥氏
謹記於師門世外桃源之映雪書屋

巒頭指迷敘

春秋元命包孝經援神契河圖括地象洛書甄曜度是以各風鑑言天地者未有不由大易一編而能得其精蘊者也吾師何公玉册先著玄空追宗排八卦之生旺推三元之運行俾迷於理氣者俱按周易指明也若迷於形勢非指明巒頭不爲功我師故又著巒頭指迷然巒頭本乎地似無關乎周易究不知在地成形者皆由在天成象也藉曰不然何以知幽明之故何以知死生

之說何以知鬼神之情狀仰觀俯察用意入微我師於
周易何爲如是之精且詳哉蓋因師之五世祖鷺皎公
籍隸江西明末督湖廣誓不降清故有漢陽之困無異
羑里之囚夫文王囚羑里撰易繫辭而皎公困漢陽著
易釋義殊可知易學淵源蓋有自矣况我師於天文地
理更得明師心傳於是抱道自重惟爲救貧之方不爲
居奇之用光緒丁亥年隨周軍門來遊遼東人皆知我
師於理學豁然心目不知於數學瞭如指掌因看透宦

海爲苦海總不如學術爲正術忽變方針幡然改圖仍
設絳帳復開緇帷一時碧海珊瑚都歸鐵網春風桃李
盡在公門其中有好地理者見巒頭指迷之書不厭百
回捧讀較之蒙莊淮南之說談天論地之辨與夫步天
之歌觀象之賦其奧旨猶有深焉者洵巒頭之正軌指
迷之南鍼也邇來顯達高貴接踵趨敎不可勝計 東第
一忱葵向數行草書猶有不能已於欽贊者蓋吾師爲
忠烈之苗裔爲簪纓之世族幼嫻庭訓孝友出自性成

壯行傳經循誘本乎天授迨及北闕優生旋而南鄂訓
導數任明倫治詩書如陶冶一身圭璧布德澤於士民
三台八座卒是門生河北江東都持旌節儒雅之氣吐
矣賢達之聲聞矣 東第 念載及門不惟向我談心荷栽
培之厚澤而且逢人說項沐薦拔之深恩茲於管中窺
豹難以筆下續貂只得聊獻鳩拙用附鴻文以爲叙

時在

民國十五年臘八日豐潤門生丁東第謹誌

巒頭指迷䟦

噫今時之人類不一迷於酒色財氣者比比也然爲嗜好所迷不過害一人之身家而於理數或迷卒能害萬人之性命蓋風鑑一門造人間之禍福贊天地之化育上安祖宗下蔭子孫其效如神其任非輕豈迷夢未醒者所能操其權衡哉無如江湖游派一知半解於元運理氣不講惟講夫生旺墓養挾鬼靈經行怪異事迷惑鄉愚從中漁利及以巒頭求其指迷彼蓋以己之昏昏

使人昭昭吾恐不能使人昭昭且使人昏昏焉以訛傳訛以謬踵謬其貽害伊于胡底也幸天無絕人之路地有造福之緣默佑我義父何公東省來遊與積善之家立宅安墓不啻拯斯民於水火登飢寒於衽席若能親臨其境者以身救之不能親臨其境者以書傳之一捧讀是書舉凡龍身之眞假貴賤與夫龍穴之窩鉗乳突莫不歷歷彰明較著是書之精透洵可謂當頭棒頂門針擊破迷夢未醒者矣 濟 久入迷途無人指路幸遇我

義父相居甚近相交甚親每於風晨月夕之際指敎甚殷因不禁打開迷陣跳出迷津於詩文改正而得其益於地理辨明而識其義至於一切山水聚會得其指歸難以筆記然大道爲公吾願天下受此沉迷者可以共讀是書而知此三昧果如是旁通觸類不惟人不受風水之害猶可藉風水之力彼堯舜博施濟衆而指迷勝於施濟也禹稷賑飢援溺而指迷勝於賑援也同登仁壽之域共享太平之年雖曰相其陰陽不已百倍燮理

陰陽耶此儒生轉移之權實超於宰輔佐治之權矣如

日不信請觀書文

時在

中華民國丁卯年端陽日前充奉天洮昌道尹公署科

員現充熱河灤平縣稅捐局長 義男 張濟武謹跋

於本局辦公處

坎部補遺終

巒頭指迷艮部

歷代諸仙師著　棗陽何廷珊玉册註解

棗陽尹貞夫選　樂亭溫紹先繩武匯輯

開原田玉珍聘卿編次

鐵嶺戴炳文繡章贊修

黑山王維新作民參訂

地學舉要

僞學繁興明師罕覯能精地理於世無求

地理書多矣其最當讀者郭之葬經窮天極地術通神

奉天關東印書館排印

明爲地理之䃾卜之雪心賦有案有斷至精至簡爲地理之宗此形勢之一也楊公撼龍廣大精微神妙莫並稱爲地理之聖廖公星格山川形勢充類至盡稱爲地理之賢此星體之一也疑龍經析疑辨難渙然冰釋入微歌品格詳明允矣典章尋龍則以此爲極倒杖篇一法一訣至寶經一字一金點穴則蔑乎莫尚若夫研窮天地之蘊洩盡造化之機言簡義該大醇無疵超乎聖作明述之上則莫如發微論其次則有趨庭經尋龍記

四神口訣堪輿管見雖精微未臻亦地理之正宗也其餘論形勢者瑕疵互見談理氣者矛盾交加皆託名僞造惑世誣人洵紛紛不可枚舉吾爲入斯道者切指之庶不至悞入迷途矣堪輿家發明形勢始自郭卜講論星體肇自楊廖張子微創龍格開後世相形之端賴文俊著天星啓僞術卦例之路此巒頭理氣所由分門別戶也

陰陽總論

陰陽之理肇自河洛奇耦之數奇爲陽耦爲陰也地理千形萬狀總不外陰陽兩端詩云相其陰陽觀其流泉第有其文而未晰其義秦漢東晉諸作皆概論形勢亦未嘗剖陽仰陰俯之理迨楊曾出而問答詳其陰陽形象始發明焉嗣後衣鉢相繼作述繁興雖詩詞歌賦不同體而理則一也合而言之山陰而水陽俯陰而仰陽分而言之起跌者龍之陰陽起陰而跌陽也胎伏者峽之陰陽伏陰而胎陽也平陂者砂之陰陽陂陰而平陽也

動靜者水之陰陽動陰而靜陽也升降者氣之陰陽降陰而升陽也浮沉者脈之陰陽沉陰而浮陽也金木水火土者星之陰陽水土陰而金木火陽也窩鉗乳突者穴之陰陽乳突陰而窩鉗陽也知此者始可與言地理熟此者方可以相地勢

陰陽形象

曾問何如爲陰何如爲陽楊公曰陽氣形凹是窩靨慳鉗陰氣形凸是乳突肥滿陽龍來則陰受穴陰龍來則

陽受穴㑹又問何者爲陰龍陽受何者爲陽龍陰受楊
公曰脈來有脊形如覆掌入穴處有凹是陰來陽受也
脈來微平形如仰掌入穴處有凸是陽來陰受也故古
人陰陽詩法云陰陽二字最難明誰識其中造化深陰
乳恍若男子樣陽窩恰似女人形若男陰乳休傷首似
女陽窩莫破唇土宿羅紋來證穴天機到此活乾坤穴
中借問孰爲強弱者爲陰脈必剛陰脈與強同一體稍
差饒減主瘟㾜弱脈原來氣屬陽見陽須向陰中藏弱

還就弱脫生氣迎接若知始爲艮陽來星辰是如何形如仰掌略生窩凸起節泡爲正穴就中安葬始無訛陰來星辰覆掌形陰極陽生理自眞到頭略開窩有口穴扦口裡甚分明以上數詩形容陰陽之義至矣盡矣學者可以不迷

形勢背面

凡登山相地當先觀其背面背面即龍穴之五官四體所在也背形覆屬陰面形仰屬陽若是山面必平坦光淨手脚彎抱向內若是山背必崚嶒凶惡手脚反排向外查而在何處結穴即在何處此一定之理也蓋面有

氣脈背無氣脈龍無背面則死山無背面則頑砂無背面則凶勿庸著眼

論龍枝幹

龍以幹枝名者蓋借木以喻龍之大小而權其力之輕重也諸家論龍皆自大幹而起謂中國止有三大幹長者千餘里短者數百里獨不思中國三大幹自陝雲起首至海濱駐足所行又何止千百里乎予今以三大幹龍爲老幹龍以行度千百里者爲大幹龍而形勢方合

又諸家論龍至小枝而止究不知小枝身上猶有分出之龍龍又何止小枝乎予今以小枝分出之龍名爲旁枝龍而格局乃備似此詳舉可以破迷務祈高明者諒之

詳論幹龍

老幹　大幹　小幹

中國止有三老幹龍亦止有長江黃河鴨綠三大界水中老幹龍長江與黃河夾送經云山來隴右尖如削盡是貪狼高更卓是也南老幹龍長江與南海夾送經云

五嶽分星入桂連是也北老幹龍自崑崙山脚發脉經云崑崙山脚出閶顏枝枝都是破軍山是也此非目力足力所能到亦非心力口力所能言中國四京上應天星之四垣故惟結帝都若結陰穴主出聖賢尋地者愼勿妄談

大幹龍者幹中之幹也其夾送水即濟洛汝漢淮泗大禹所疏導者悉是行至千里外結大都數百里間結州縣若結陰穴誠極貴之地識者切勿妄指

小幹龍者幹中之枝也大溪小河夾送長者二三百里短者百餘里此龍各郡皆有出身自大幹分來多結巨鎮與王侯基址若結陰穴主出開國元勳

論枝龍　大枝　小枝　旁枝

大枝即枝中之幹也小溪小澗水夾送長者百餘里短者數十里若合上格主出翰苑鼎甲卿相之貴

小枝即枝中之枝也溝洫田源水夾送或從大龍身上分出或從大龍峽邊分出長者二三十里短者數十里

上格出科甲州縣之官此龍力小發速經云大地難得小易求積累不已成山邱衆墳合力小成大小地也能產王侯是也

旁枝者自小枝起頂處分出數節即能結穴必須星峰秀麗束氣結咽明堂平正下手高强丰發小富貴但不悠久耳其餘條條子係大龍枝脚護送名爲奴僕龍若熟悉龍格者庶一覽而是非自明矣

隨龍

龍曰隨者與幹龍同祖分枝劈脈另立門戶旣非幹又
非枝也入首大展局勢一二節卽結穴此地凡郡邑鄰
近處皆有之主葬後發福至厚極速
左格在蘭谿縣東地名瑞壠其正龍結縣左枝分落開
金水大帳中抽出脈紫氣開口垂乳結穴面前大小雙
峯成天馬貴格葬後出唐龍登進士官吏部尙書其子
汝楫狀元富貴悠久○末落乃探花趙志皐之祖地與
狀元地共帳入首大展飛蛾頓起太陽開鉗結穴兩股

直硬元辰流長虎砂順水不利初代葬及百年始發相
傳採花之祖官縣佐精堪輿愛蘭邑山水始遷居焉爲
二妻各卜一地一富一貴此貴地也係飛鳳冲霄形課
云一木冲天勢挺然文章四海有名傳雖云衣紫腰金
貴畢竟家無一項田其富地係仰天湖形課云分明一
穴仰天湖倉庫重重文秀孤衆陳貫朽房房有若要求
官半個無後皆果如課言

唐狀元趙探花
隨龍格

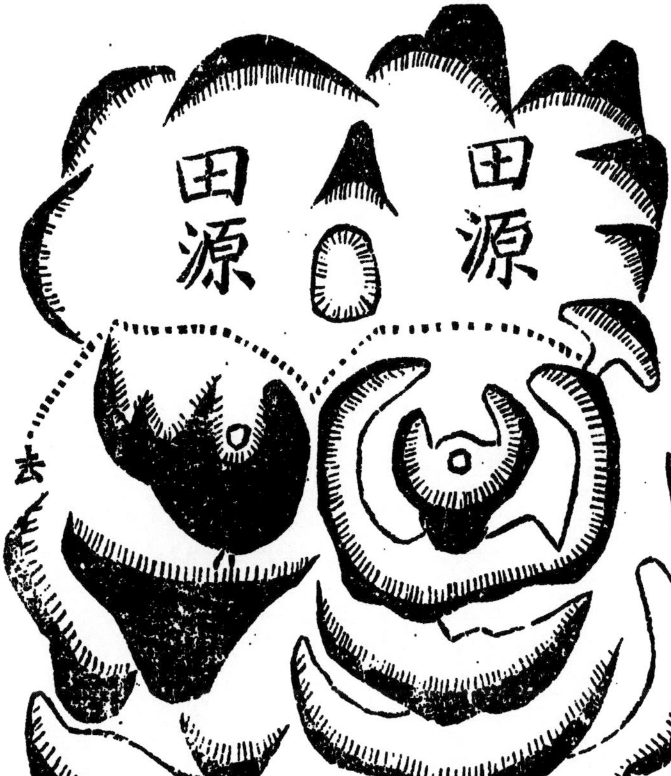

奉天關東印書館排印

祖宗父母

經云尋龍必須認祖宗更於離祖察行蹤是祖山乃龍穴之根本固當先究者也凡大龍出身發脉之山爲太祖多是龍樓寶殿與五星九星聚講行度中間頓起高大之山爲太宗將入局頓起高大之山爲少祖將入首頓起高大之山爲少宗但太祖甚遠氣難授蔭分枝且多脉不專注尋龍者當以少祖爲主以入首爲准少祖務要出類拔萃端莊秀麗星體成格必結美地經云祖

宗聳拔子孫必貴是也少祖以下星峰若金木水火土相生相連而行高低有序秀麗異常必產忠臣孝子積世公卿若五星倒置高低不齊定出亂臣賊子家遭刑戮倘少祖下一二節結穴穴場又正坐少祖案近堂聚決主催官如節數過多則力量單弱必須再起高大之山是謂父母結穴乃佳少祖如斜欹巇嶒不成體格必無融結此山龍則然若岡壠之龍行度似生蛇出脈類仙帶有起伏無峰巒惟開帳過峽束氣結咽星體合格

如人仰坐面前砂環水抱四圍纏護周密下手關鎖重疊即結大地又平原龍高一寸爲山低一寸爲水只跌斷分水束氣結咽坪中突起星辰合格送龍大水橫欄交抱穴前案近堂聚即結大地經云勢如浪湧何須卓立之峯是也蓋龍有三勢安得盡拘祖宗父母哉

左格在樂平縣江家橋許侍郎祖地也其龍自茅山作祖擁行百里跌落平田隱隱隆隆崛起華蓋數節結穴虎砂橫欄外陽寬暢穴內藏風聚氣正坐少祖發福最

迷廖金精下課曰撒落平洋大有蹤何勞谷將起高峯
正龍華蓋重重獻煞曜文星兩勢雄武略文經從此出
紫袍牙笏掌邊戎錦陂頭水流來急兒孫顯達定光宗
單山面前暗朝拜虔州鐘鼓響丁冬他日賢郎來仕此
方知妙術有神功是時許寶文方數歲廖曰此地必蔭
發此子也分野落在虔州惟恐將來不認吾耳其父曰
如果能然焉敢忘其所自遂親立合同爲證及許寶文
任虔州刺史陞侍郎歸謁先生而廖公業已仙逝不得

奉天東印書館排印

已惟作文以祭之其文曰

維

大宋建炎三年朝議大夫許中謹以羊一豕一香燭酒

醴之儀致祭於

金精山人廖公伯瑀之墓前而言曰惟公淹貫陰陽之

理深窮青囊之書山川形勢舉目無餘吉凶禍福斷驗

不虛時我大人卿哀依[illegible]匍匐跪請肯駕高車卜大

父之佳兆啓後世之廣居課言不爽尅應咸如先訓

在耳其能忘諸剖符來虔追念厥初目擊坵隴不盡欷歔我著朱紫公登仙輿哲人其萎殆亦命歟謹備微儀拜奠荒墟尚饗

正坐少祖

催官格

小天關東印書館排印

平岡龍
催官格

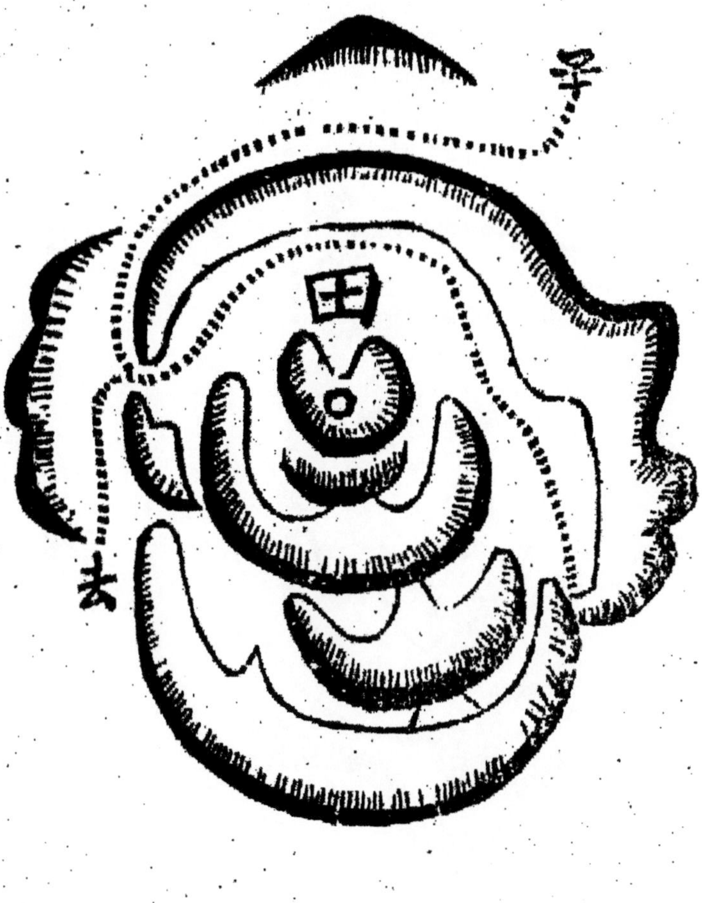

右格在德興縣張家舖陳九萬祖地也其龍入首大斷
過峽起連氣金星開鉗結穴穴前田源囊聚近案眠弓
彎抱有情源流到堂入口董德彰下許以催富葬後陳
氏富冠一邑鄉人呼爲九萬石果如董言

論龍眞假

歌目眞龍離祖必超羣開帳過峽脈穿心星峯秀麗端
且正反此便是假龍身夫龍必論乎眞假者所以辨是
非也眞龍出身即脫卸開帳脈從中出過峽護送周密

星峰端正行度傳變重重剝換望之則處處異常至於
假龍出身臃腫亦有帳幕而脈不穿心亦有關峽而砂
無護送亦有星峯而絲無頭面望之則處處無情總之
山脈有偏正中正者眞偏陂者假也星體有端側端莊
開面者眞倚側而飽者假也行度有動靜動而又動者
眞靜而常靜者假也或衆皆高大此獨低小低小者眞
而高大者假也或衆皆低小此獨高大高大者眞而低
小者假也衆短以長爲貴衆長以短爲尊尋龍者務於

同中取異似處辨非而眞假難掩矣

論龍貴賤

歌曰貴龍處處脉中抽星格適身屬上流無帳無星脉掛角賤龍即是此根由夫龍必論乎貴賤者所以許高下也貴龍祖宗發拔星峯合格其開帳也或三台五腦芙蓉仙橋帳中穿心出脉帳下貴人卓立其過峽也蜂腰鶴膝个字中抽必胎前而伏後必送往而迎來傳度重重剝換枝脚節節均勻開睜展翅處處悉合上格所

以爲貴至於賤龍有起伏而星體不成無帳幕而脈掛角出名奴僕龍恒爲正龍纏護

駐蹕

大龍行度中間忽起高大之山而分枝尚多結穴尚遠譬如行路至此而息足停車故曰駐蹕以大龍而言則是太宗以枝龍而言則是祖山又名應山謂應一枝結穴也訣云有人識得駐蹕山尋龍却不勞盤桓誠以此山能知龍之貴賤與穴之形象皆先師秘而未洩者也

予曰駐蹕山前看向背而已

開帳

經云貴龍重重穿出帳賤龍無帳徒自狂然帳形不一惟以金水腦拖仙帶者爲上有橫列三峯爲三台帳五腦爲梅花蓮花帳七腦爲雲錦帳九腦十一腦爲芙蓉帳要中腦獨高兩角展開彎如弓稍爲佳大者橫列十餘里小者二三里又有中間水星兩角木星獨高名仙橋帳木星正居帳下名帳下貴人主出狀元神童木星

若在帳後主吏人爲官帳稍頭起圓峰謂自帶倉庫主
巨富兩旁起圓峯高聳夾脈名曰庫星兩腋生巨石成
星夾脈名天關地軸此格最貴罕見

出脈

凡龍出脈要秀嫩低伏忌粗大貫頂或如仙帶飛帛或
如活龍生蛇或成水木蘆鞭或成之玄曲折若此者愈
長愈貴主出狀元神童才略冠世脈從帳中星頂出者
謂出帳穿心此得乾坤正氣主出將相公卿忠臣義士

脈從星頂左右出者謂偏出脈形似草人字主出佐雜之官訣云脈不穿心不入相是也倘拼角出脈乃正龍纏護名奴僕龍至賤

左格在德興縣南門外余氏祖地也其龍五星聚講作祖入局開五腦梅花帳磊落數節穿田過峽起串珠四座復大斷走弄三金束氣結咽太陽開窩結乳穴賴布衣下取草蛇吐舌形後出進士七人

梅花帳格枝脚

龍身枝脚貴賤攸關其格有五焉一曰梧桐枝左右對節而生長短大小均匀脉從中出上格也主出狀元宰輔二曰芎藭枝亦對節而生或左長右短右長左短却長短交互齊收均匀脉從中出次格也三曰蒹葭枝錯節而生或左有右無右有左無却左右交互均極停匀四曰杞梓枝其形似草人字左右無有與蒹葭枝同又次格也五曰楊柳枝邊有邊無脉從偏出賤格也左邊缺主長房敗絕右邊缺主少房敗絕凡邊美邊惡者亦

奉天關東印書館排印

同此斷又有𦁤縺殿試枝脚亦是邊有邊無其缺邊却
自少祖發來一枝護送到頭脉似偏而實正主出翰苑
之貴

論龍過峽

峽者山夾合而成字凡龍行度跌斷處前後兩山相夾
脉從中出是也跌斷處緊小者爲峽寬大者爲關脉未
跌斷粗大者爲束氣細微者爲出脉在巒頭後爲結咽
大地有三關五峽賦云一起一伏斷又斷到頭定有奇

踪蓋謂龍過峽多而脫殺方凈結穴乃吉也夫峽前後之山務要振起精神不然則龍氣弱結作力輕矣出脉要秀嫩秀嫩則氣淸忌粗大粗大則氣濁兩邊尤要迎送扛夾（峽之二面兩脚前抱曰迎脉已過去兩脚廻抱曰送本身之護曰扛外山拱照曰夾）个護周密分水明白不犯風吹水刧爲上凡峽中低平兩頭高仰形似銀錠名銀錠峽平岡多有峽中細小兩頭寛大个字來迎形似蜂腰名蜂腰峽峽脉細長中有突泡形似鶴

膝名鶴膝峽突泡方圓成體此蜂腰鶴膝合而成形名
十全富貴峽王字工字至貴之字也字極佳要之峽形
多端過法不一凡陽過者要陰接陰過者要陽媾高過
者無劍脊切忌風吹低過者有分流惟怕水刼正過要
有个送橫過要有護纏長過要有節泡偷過要有絲連
短過而不粗腫潤過而不懶坦雙脉過要中有水注渡
水過要中有石梁如是則吉反是則凶若有秀石居脉
上曰異骨古木生脉上曰奇毛脈上有泉池名養蔭水

必結大地其峽短而直者穴必近長而懶者穴必遠脈
高者穴亦高高之極者穴反低一浮一沉之道也脈低
者穴亦低低之至者穴反高一降一升之義也峽正過
正結必是太陽巒頭及九星正體等格則左右迎送極
均而龍虎兩砂亦全峽橫過橫結必是凹腦側腦沒骨
巒頭及先引[illegible]提等格則左右迎送不均而龍虎兩砂
亦缺且有陽過出脈微平形必上圓而下尖則應結窩
鉗穴陰過出脈有脊形必上尖而下圓則應結乳突穴

更見過峽陽中有陰名血包精穴必結窩鉗中生乳突
過峽陰中有陽名精包血穴必結乳突中生窩鉗至若
脈寬若穴必大脈細若穴必小脈若貫頂穴有殺氣脈
若曲動穴是變格脈屬何干支而穴向亦然峽土穴亦
土峽石穴亦石一脈相傳原無二理所謂生子生孫巧
相似也訣云陰陰陽陽通妙玄平平陂陂理亦然橫橫
直直對針取正正變變子細參長短緩急分遠近虛實
有無左右看後人謹守此中訣能教德門富貴全似此

觀之凡於迷夢過峽者可以恍然悟矣

崩洪

朋山爲崩兩山對峙是也共水爲洪二水分流是也山朋水共脉從中過故名崩洪必須兩邊山勢有情尤要水從石梁分流即是乾流仍要石梁有分流之形若水不分流縱有石梁乃是山脚餘氣爲關鎖水口之石非崩洪矣楊公十大崩洪一馬跡二螺蚌三横石（石撒水面）四節目（石長有節）五交角（石如牛角交牙）

六之七也八川九十(如此四字崩洪貴石)卜斷續藕斷絲連然石多奇異固不止此十端總之石梁成形二水分流者皆是也

論平原龍

高山之龍星體豎起如晝高懸則當仰觀平原之龍星體眠倒如人偃臥則當俯察訣云平地星辰貼地眠明堂水聚是真詮兩旁護從須纏抱突上開口穴始堅夫平原之龍祖宗父母星辰俱已眠倒其開帳鋪展如漁

翁撒網其浪痕波紋隱隱隆隆形太糢糊氣多散漫尋龍者須以界水夾送爲憑經云凡到平洋莫問踪只看水繞是眞龍是也及跌斷過脉如藕絲牽連如草蛇灰線髣髣髴髴最難察識審脉者須以束氣分水爲的然分水之處要有圓泡如珠方堆如印或如馬跡之斷續或如牛背之顯露方爲龍脉確證玄機歌云平原脉如何審束氣分水方爲准或如珠或如印馬跡蛛絲皆貴證草蛇灰線留眞跡山水高低在尺寸是也及將入局

奉天關東印書館排印

護送必須緊夾纏繞界水務要橫抱塘聚葬經云外水
橫行內氣止生是也若將作穴依然束氣結咽分水明
白坪中𡍼起星體成格所謂平洋一突最爲奇是也然
突泡之上宜開微茫小口砂要依稀繞抱水要交合穴
前則生氣凝聚而結作方眞若穴塲無微茫小口砂水
無尺寸高低不可下矣且平原龍多翻身逆結坐空朝
滿以田原坪畈爲明堂而夾送之水轉爲後纏水愼毋
以後纏之水當作面前彎抱水也學者各宜破迷

左格在石埭縣後山崗畢尙書祖地也入首平地連起
三珠盡頭結突穴突面圓平開破扦穴後頂來脉前據
唇氈大溪橫繞龍虎交會明堂朝對水口處處合法葬
後出畢酌中會魁官吏部尙書

平原突穴格

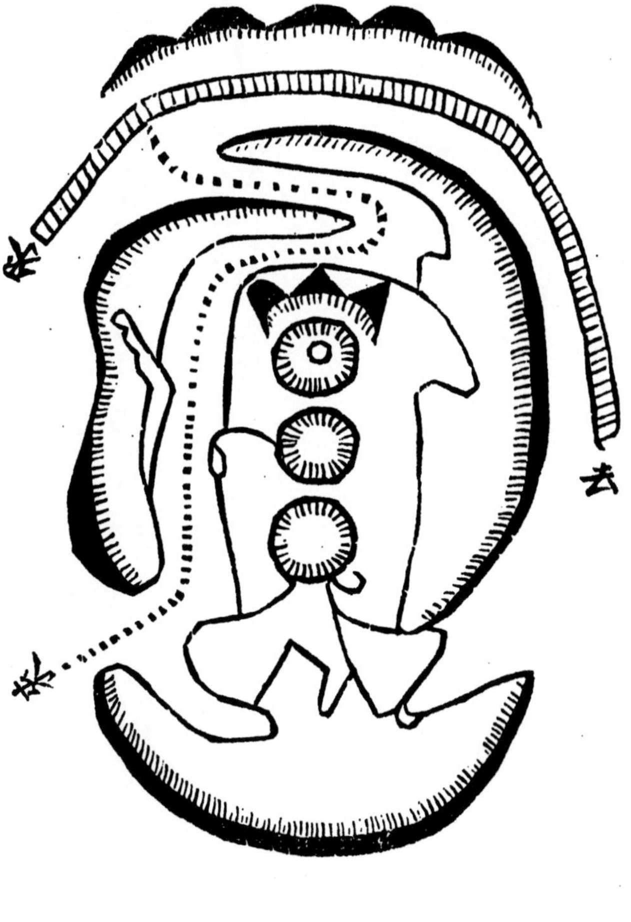

平原龍格

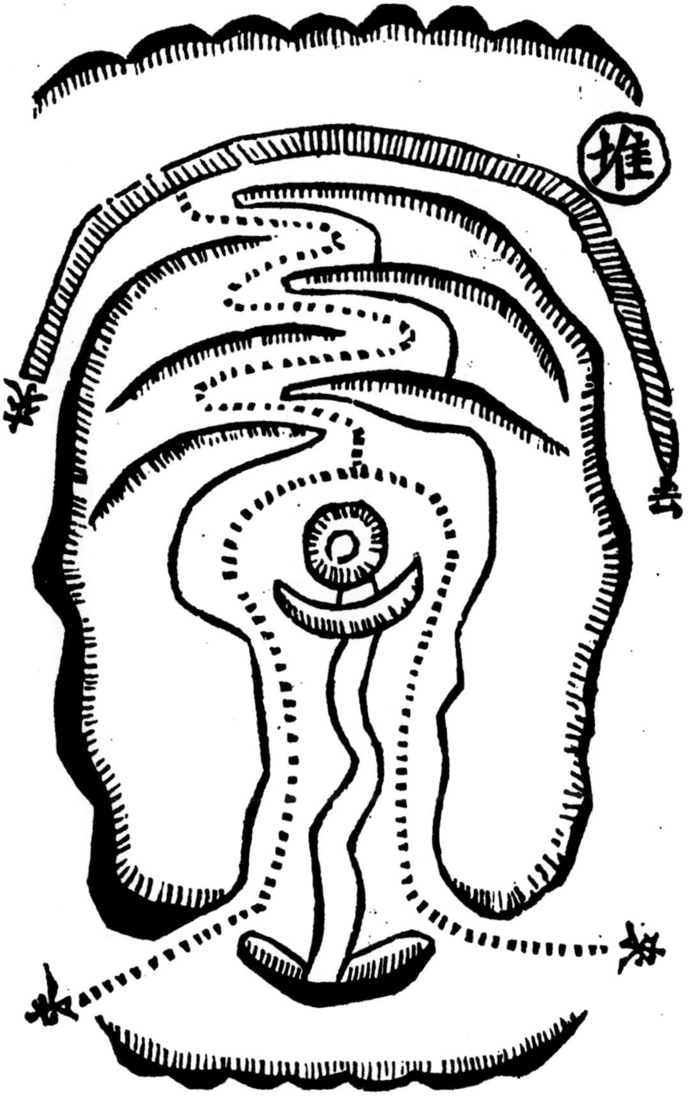

奉天關東印書館排印

右格在豐城縣東門外文江橋李天官祖地也其龍自堯山起祖頓跌二十餘里將入局撒落平洋渡水而來透迤若生蛇活動類躍鯉到頭開脟束氣結突穴面前二水聚會屈曲而去左右陰砂依稀交合舊有記云文江橋武江口小小蛇兒順水走有人葬得著金印大如斗及李氏葬後果出進士數人官至尚書太守

望勢審局

尋龍要訣莫如望勢認穴艮法惟在審局夫局者一圈

也龍大局亦大龍小局亦小譬之官衙住宅必有城郭墻垣之衛也相地者務要登高遠望周覽四方如環堵之山大勢散亂稀疏無局也惟一處聳拔出衆叢集異常此散中取聚乃是眞局葬經云羣壠衆支當擇其特大而特高是也如環堵之山大勢重疊稠密無局也惟一方忽然灑落豁然開朗此滿處取空乃是眞局訣云深谷無眞龍惟喜見日紅是也或普山俱粗老惟一處峯獨秀巒獨嫩則局必在秀嫩之內或徧野悉散漫惟

一處砂大環水大抱則局必在環抱之中或後山皆來前山悉回左右之山相纏繞則局必在來回纏繞之間又有本龍開半局朝案展半局則賓主湊成一局者又有一半是山環一半是水繞則山水配合一局者然局雖不同而結作總不出乎局中也彼俗師管見每於局邊水口間尋穴詢令人可哂也

望氣尋穴

龍有眞結必有旺氣春冬則氣不上騰必待夏秋之交

子丑之時月明星朗登高而望祖山凡氣從山腰側出
橫鋪而散漫者假氣自山頂直冲上大而下小者眞色
紅黃者穴在山間色靑白者穴近水畔氣正者穴正結
氣斜者穴旁落肥濁者主富淸奇者主貴形類禽者主
文形類獸者主武詳觀細審萬無一失望氣法不過如
斯然而此氣亦不能多見也蓋天珍地秘無輕洩之理
即間或有之而明師不以爲奇總之相地莫外理氣理
氣不乘縱獲吉壤亦無生機余遊遼東久矣嘗見有歟

人之師紛紛聚訟謂某處能聽聲某處能看氣出無情
之語多有受其蒙迷余極憐鄉民昏昧因特著此篇為
降伏江湖遊串之嘴免教他顛倒是非

巒頭指迷艮部終

巒頭指迷震部

歷代諸仙師著

棗陽尹貞夫選

棗陽何廷珊玉册註解

樂亭溫紹先繩武匯輯

開原田毓珍聘卿編次

黑山王維新作民參訂

蓋平劉鳳岐興周贊修

論龍入首

夫千里來龍惟重入首入首者即穴星後高大之山所

謂父母是也但星體合格正脉中抽即發厚福若穴場
正坐決主催官入首以至少祖節節俱吉主富貴悠久
凡龍身一節爲一代十二年爲一紀代之年數多少惟
以龍爲斷不可拘定三十年爲一代也大幹龍一代六
十年小幹龍四十八年大枝龍三十六年小枝龍二十
四年旁枝龍十二年此是定數龍旺盛者可加半紀衰
弱者可減半紀其法自小明堂中心起向後龍逐節數
去一節管一代歌曰一代明堂二代穴三代巒頭四代

脉五代龍身按節數六七推後依此訣一節原屬一代管中有凶害氣便歇凶過遇吉依然發害後逢害定敗絕如初代小明堂管事融聚則發傾跌則敗二代穴管事得氣生人係乎此也依此逐節推之總是要從後龍節節推至少祖山止若中有一節凶運行至此節主一代退敗倘此節凶而後節又凶是謂害後逢害決主敗絕惟推至此止矣假如金星龍節吉則蔭金命人富貴凶則蔭金命人敗絕吉主巳酉丑年發福凶主巳酉丑

奉天關東印書館排印

年見禍此一定之理也葢山陵以龍爲重節代吉凶只論龍不論水所謂山上龍神不下水也平原無山以水爲主以一彎爲一代從小明堂數至內局出水口止遇彎環融注則發值傾跌斜流則敗代數年限依來水大小與水彎大小參互斷之水大彎大者六十年一代水小彎小者二十四年一代若水小彎大水大彎小以四十年上下爲一代此只論水不論山所謂水裡龍神不上山也彼理氣家以四尺五寸爲一步扣算年限斷其

禍福多有不準
正坐入首
當代即貴

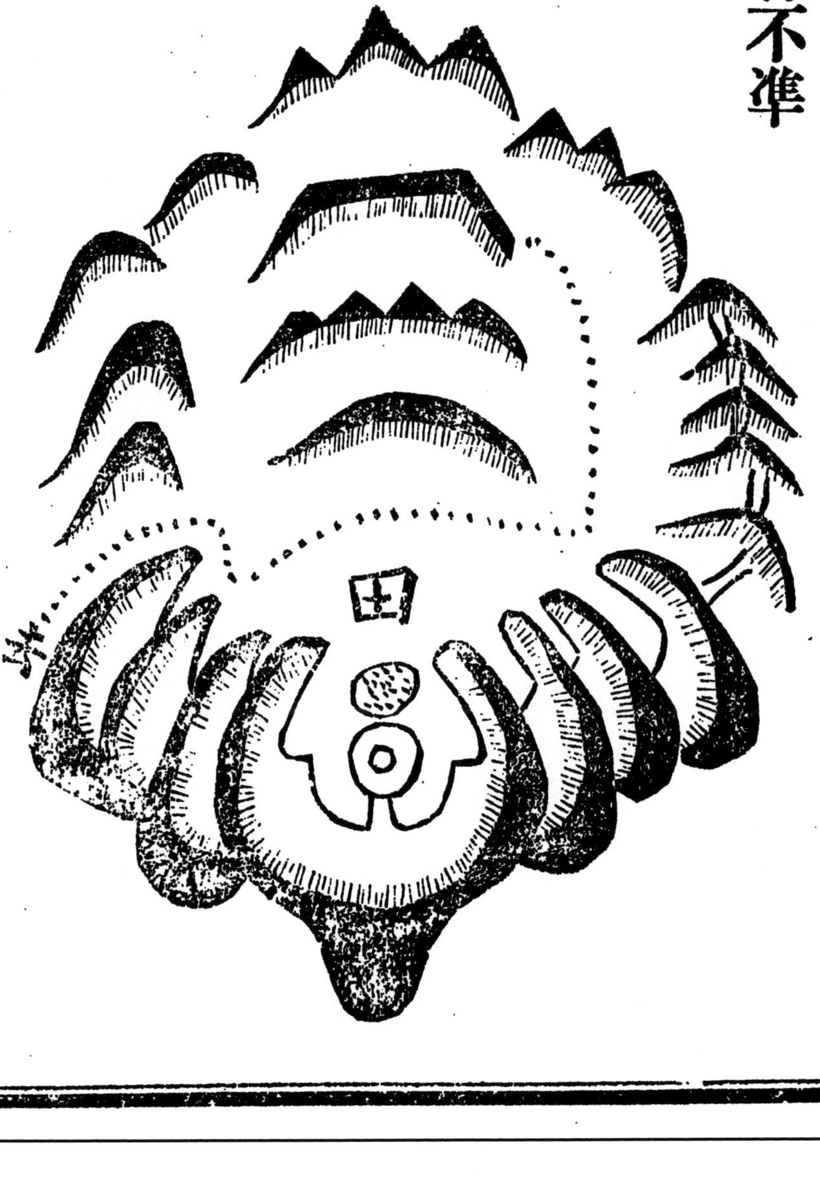

十六龍格

生死強弱順逆進退
福孤回劫殺病亢遊

六吉十凶

中進士連登科甲宜權官地也

乙巳年葬戊申年明宇公生庚申年載寶公生癸未俱

峯卓午方近案拜伏羅城周密下關緊固不放水去蕭瑞

穴後正北十里勢起尊嚴左右擁抱有情前朝三合有節

三合旋拔秀正脈中抽逶迤而下一節即結大突穴

及詳旋入同落十餘里大斷過峽翻身頓起華蓋

右格在安德府北安平沖張進士祖地也其體來還不

歌曰生龍起伏擺折多枝脚搖動似飛蛾死龍形同死鰍鱔直硬不動向前過弦龍形似馬奔馳星峯聳拔勢雄偉（貴則名振當時富則武斷鄉曲）弱龍懶坦兼瘦削無起無伏無作爲順龍枝脚抱向前（父慈子孝）逆龍反扯去不還（小主凶暴大出叛逆）進龍身上似階梯節節星峯高及低（加官進祿）退龍尾弱頭高枝脚始短終益長（穴星高後龍低出忤逆及庶生）福龍出身枝葉繁前護後擁極周全（人丁大旺富貴長久）

孤龍無枝又無護祖孫父子脉獨傳回龍入首身翻轉
鈎頭結穴祖作朝（力大穴貴）劫龍分劈多牽扯大小
不分無正條（分枝東牽西扯無大小旁正之分出賊
盜）殺龍身瘦帶刀鎗（凶傷軍流）病龍破亂並殘傷
（癆疾孤寡漸漸敗絕）亢龍焦枯無長育（百物不生）
遊龍飄蕩徒虛張（此正龍餘氣徒飄蕩支吾作穴淫
亂敗家）時師若知此中訣天下龍脉何處藏

三奇龍　專論入首一節

三奇者飛龍閃龍騎龍是也飛龍入首高聳生氣上聚仰面結穴必須四應俱高穴如掌心爲佳更要下手高强水口交牙爲美此龍力量極大貴重富輕葢以穴高水低故也

閃龍者到頭無融結其脈自旁邊偷出此格似偏實正故曰閃龍必須分水明白星體合格四應登對堂局完美方是眞結

騎龍者有順騎倒騎橫騎三格即峽前峽後峽中結穴

是也順騎者於峽將過未過之際起星結穴開脚彎抱
唇氈兜起脈從唇氈下偷過過去之山翻轉成案前去
枝脚俱要回抱結作方眞穴前二水分流入於送龍大
水至餘氣盡頭處交會爲前合襟倘前案不抱去山不
回則是過脈切勿妄下又不可以停驛穴認爲順騎夫
停驛穴在龍之頓跌處斬關截氣順騎在龍之過峽處
束氣成星是也
倒騎者峽已過來翻身面對來山起星結穴開脚彎抱

脣氈兜起來山成案去山翻轉方爲眞結穴前一水分流入於送龍大水至餘氣盡頭處交會爲後合襟若穴後枝脚去而不返則是過山決不可下

橫騎者在過峽束氣正中起星橫開穴場最要明堂融聚脣氈兜起面前必須近案穴後尤要樂山兩旁緊夾四應登對方是眞結切不可以鶴膝峽認爲橫騎龍夫鶴膝峽僅一突泡而橫騎龍則星成體穴成格也學者不可或迷

大凡騎龍總以起星結穴爲主不然則兩邊彎抱是峽之送迎稍有穴形是峽之胎伏一毫差千里失也歌曰三十六個騎龍穴不是神仙難辨别水分八字兩邊流却見穴前傾又跌無龍無虎無明堂水去迢迢數里長玄武雖端氣還去俗師焉敢妄評章以此觀之誠哉察認騎龍之難也然能有據者惟順騎倒騎横騎可以爲式其餘悉删之不載

飛龍格

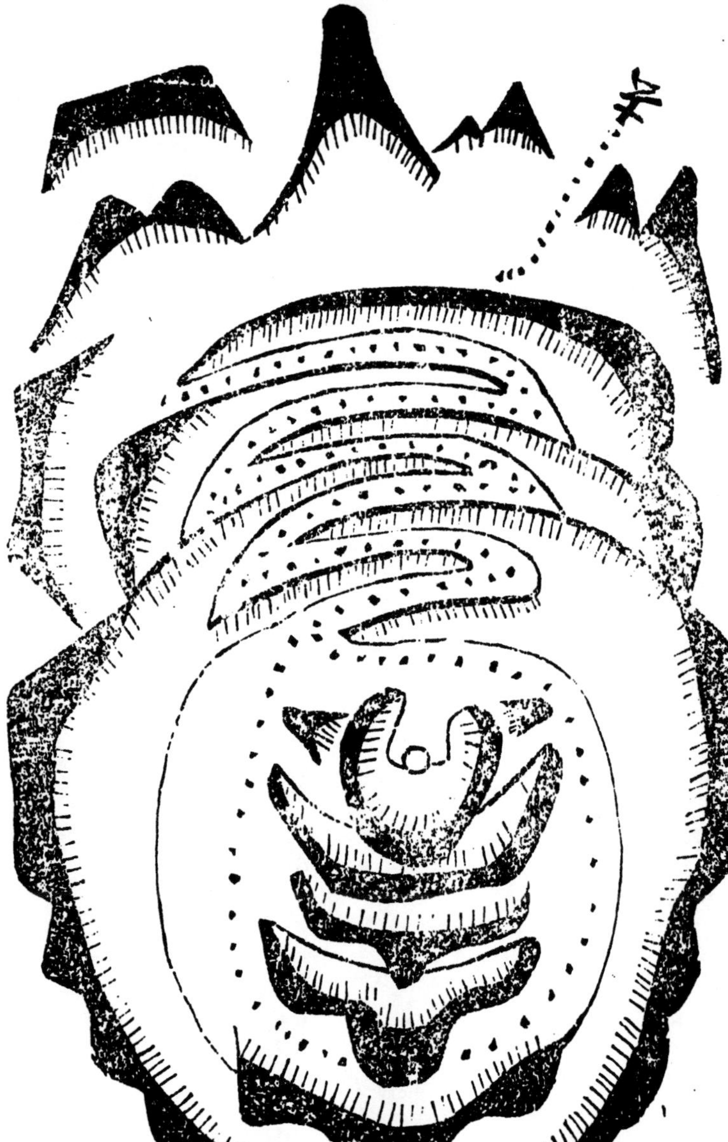

奉天關東印書館排印

右格在豐城縣東南土名龍門黃大參祖地也其龍來
自羅山將入局橫列大帳正脉中抽重重飛蛾入首頓
起玉屏太陽開口結小乳穴山高萬仞穴下平坦左右
玉屏夾耳面前砂環水抱重疊交鎖貴人特朝榜山懸
列員貴地也葬後出黃腦公登進士官大參曰翰登進
士官太守人文鼎盛
左格在建陽縣麻沙蔡氏祖地也其龍自母雞嶺過峽
頓跌數十峰入首聳起華蓋開睜展翅中抽蘆鞭直貫

到頭毫無融結細審其脉閃於右畔落下平田成文星
結穴面前秀峯特朝下手關鎖緊固但明堂傾瀉文星
走竄不利初代耳(故蔡西山貶至道州)先師課曰螺
螄吐肉穴居肉九世九賢出及至九代出蔡牧堂發文
節公元定九峯先生沈節齋淵復齋沉文肅公杭覺軒
模素軒格靜軒權世稱九賢果應其課

閃龍穴格

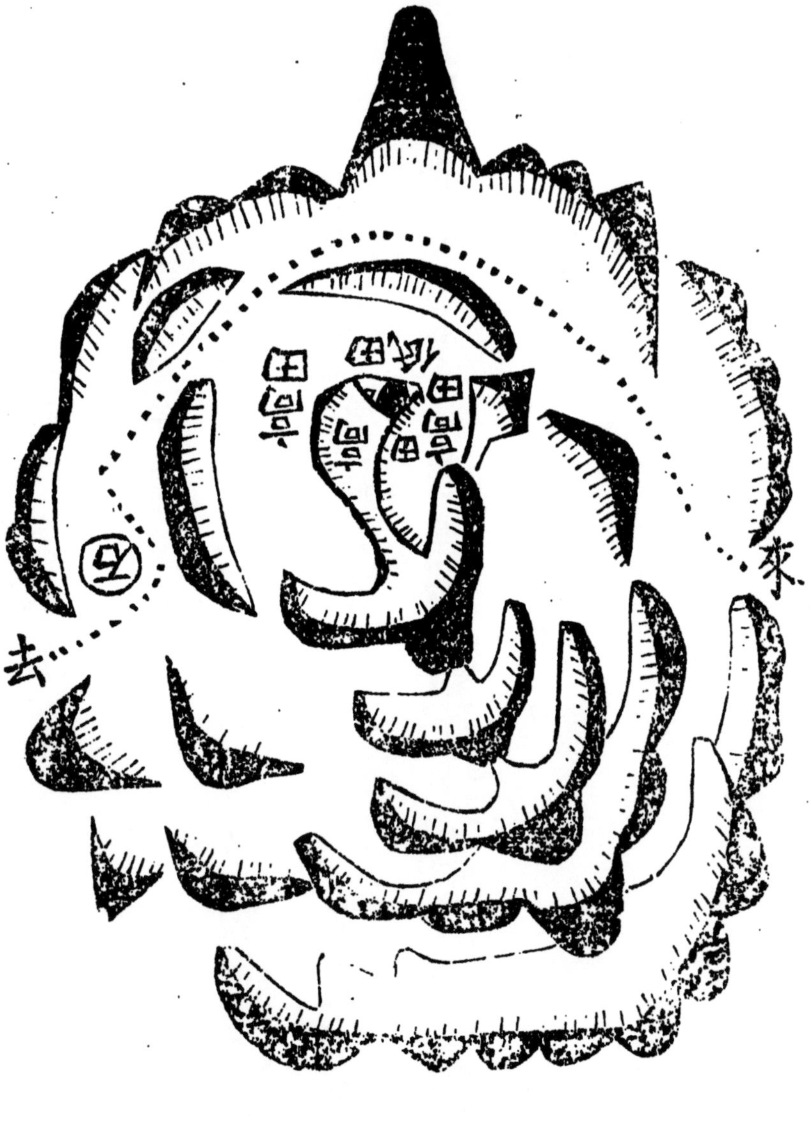

順騎龍格

奉天關東印書館排印

右格在永康縣南施氏祖地也其龍入首疊三峰抽一偏枝走閃數節騎龍開鉗結穴穴前吐出一脉穿田過去翻轉成眠弓案餘氣枝脚俱已回抱施孟達與劉仙永泰厚一日拜求吉地劉問曰汝要人丁千口乎抑要官至極品乎施曰人丁大旺足矣劉指此穴葬後生十子共百餘孫爲永康巨室

左格在德興縣烏石源忠定公張燾祖地也其龍自天池峯霞帔垂絲落脉枝葉繁衍護從周密比入局之玄

栖閃束氣結咽翻身起凹腦天財結穴特近案不端遠
朝不秀又無龍虎明堂不入俗眼惟穴塲低平穴後枝
脚俱已轉抱證得穴眞耳吳景鸞下課曰前有三峯後
有七星水分八字官顯無倫葬後出一相二侯進士五
十餘人登仕籍者百餘人富貴悠久

倒騎龍格

橫騎龍格

右格在廣昌縣西桃竹垅何尚書葬父地也其龍祖山五峰中出入首束氣起天財土星橫龍結穴穴後御屏樂山高聳穴前文星蛾眉爲案案外御傘呈秀下關逆抱完密眞貴地也相傳何文淵公父卒抬柩至此遇雨遂葬其時公方半歲後官吏部尚書子喬新官刑部尚書孫曰源曰濤曰沆皆登科甲入仕籍者共數十人俗稱爲天葬地

八貴龍

三台龍　三土星橫列曰寶蓋三
木星橫列曰華蓋若中間高兩肩低名品字三台若左
右高低不均名折角三台若三星一直相連高低有序
名孟仲季三台總要端正聳峙切忌粗惡斜倚主出王
侯公卿

三台龍格

右格在鉛山縣烏石山體狀元祖地也其龍自從源頭合珠山起祖重開帳穿田過峽頓起王枕穿心落脈左右日月夾照入首頓起品字三合金水結穴然巒頭獨高穴結上聚護山低伏一望平天右砂順水明堂寬濶前朝雜亂下關又遠無一可入俗眼殊不知穴星獨高衆低以高為尊也穴結上聚而星辰開口又生微窩穴下自不畏陡穴中自不受風下砂順水乃是明應外堂雖濶而內堂融聚前朝雖亂皆秀麗合格葬後門紀

三中科甲連䘮其二延豐城何巡司改葬何曰三台龍
日月峽隱隱三峯向前揷狀元宰相此中生兄弟叔姪
同科甲今狀元出世矣何可改也是時文憲公費宏已
十餘歲數年大魁天下官至太保其父子叔姪兄弟同
科者十數人果如何言

玉尺龍　此龍格上三橫中一直似王字下開兩脚似
尺字二字連合成體故名玉尺若下無兩脚則是王字
龍葬後主出王侯公卿

玉尺龍格

魏元忠祖地

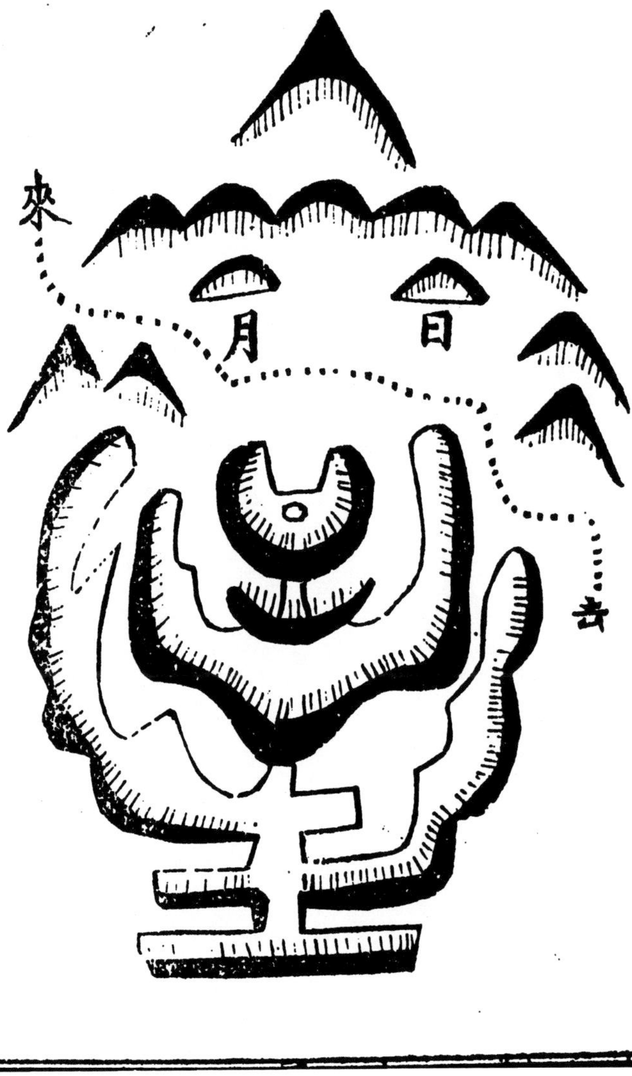

奉天關東印書館排印

天梯龍　此龍係冲天木星起祖以下連穿五七個木星一個低一個形如階梯故名天梯主出經天緯地之人白衣而登將相

天梯龍格
蕭何祖地

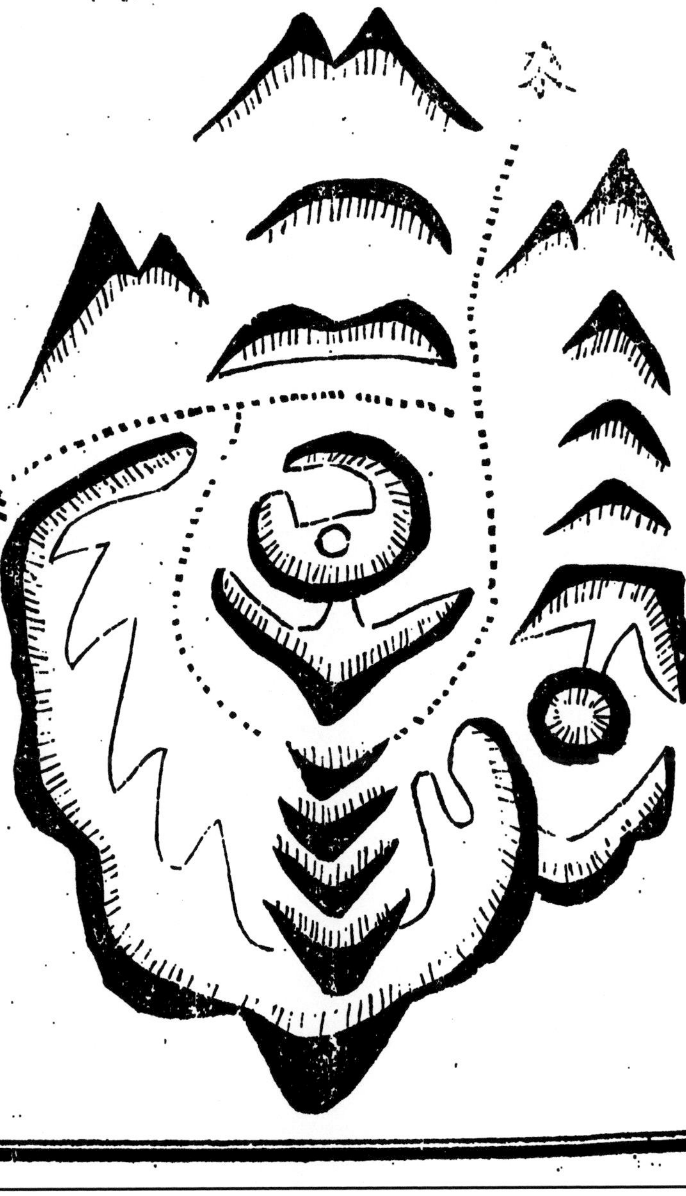

奉天關東印書館排印

蘆鞭龍　此倒地木星直長也短則爲木星長則爲蘆鞭愈長愈貴若中有微彎名水木蘆鞭彎曲間有節泡生小枝芽名蘆花㬋純是一派秀氣主出狀元神童

蘆鞭龍格

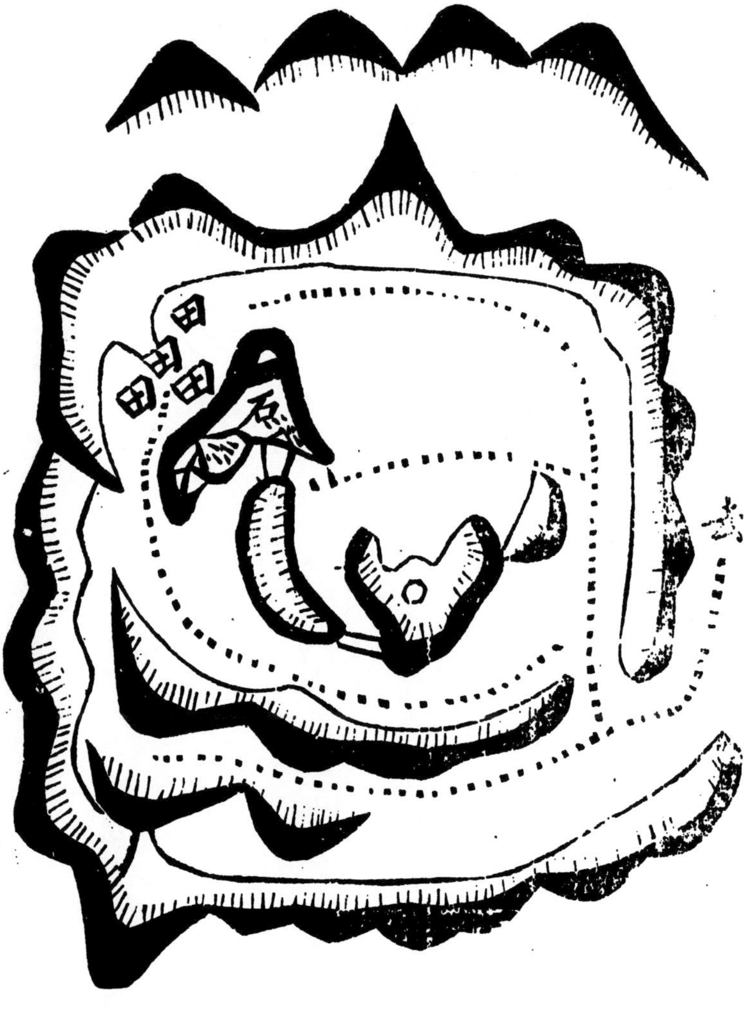

奉天關東印書館排印

右格在台州南鄉古塘門秦狀元祖地也其龍自望海峯起三台勢如自天而下星峯奇秀不及詳述將入局穿田過峽頓起石山高聳展翅如冲天之鳳中抽水木蘆鞭夾氣結咽翻身成紫氣結穴四面山水環繞貞貴地也葬後出秦文解元官大參鳴雷狀元官禮部尙書鳴夏翰林官侍讀學士曰武曰禮俱中進士懋德懋繩懋約皆登科第滿門人才鼎盛悉此地所蔭

之玄龍　此龍三折似之字五曲似玄字曲折間要起

金泡爲佳主出狀元神童然之字蘆鞭文曲三者之形相似但蘆鞭祇一小彎之字三大折文曲惟擺動也按文曲渾身屬水結穴則出人淫亂行龍則活動可愛經云九星皆挾文曲行若無文曲星不變且郭謂螣蛇委蛇卜謂活龍活蛇廖謂勢如生蛇蔡謂之玄曲折古仙師皆以文曲行龍爲貴唐完庚反以爲賤其謬甚矣

左格在吉水縣西地名湖墠劉狀元始祖地也其龍自天門山分脉逶迤數里走弄之玄入首曲尺木星

結穴穴星低平頗難察認惟長鬼帶墩證得穴眞前
有諸山朝揖後有大障高聳小水纏身大溪環繞局
甚完固自宋迄今科第代有多出儒官世稱文族誠
此地鍾毓之靈秀

之玄龍格

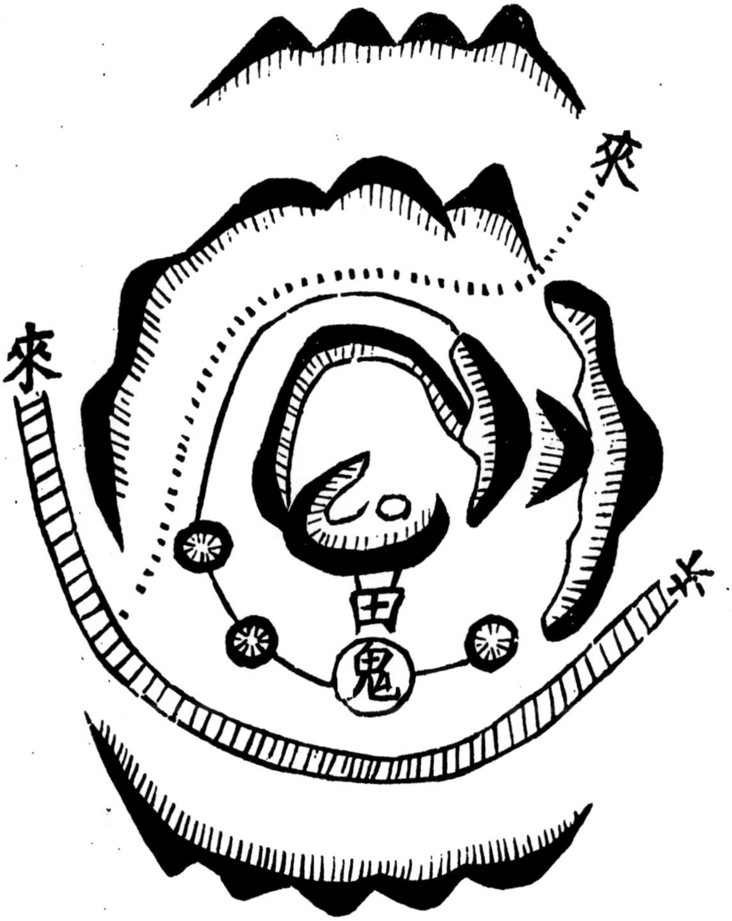

奉天關東印書館排印

飛蛾龍　此金水合而成形形似三台特手脚横開如飛蛾展翅耳要脉從中穿護衛周密主早登科甲男女俱貴

飛蛾龍格

奉天關東印書館排印

右格在南康府北五里牌陶尚書祖地也其龍自五老峯廉貞起祖大斷過峽復頓起少祖開帳中抽穿田渡脉入首飛蛾展翅金水開釺垂乳結穴龍虎搠抱案山横繞以關内氣府龍逆水纒過穴前眞美地也葬後陶公尚德登進士官尚書富貴雙全

蜈蚣龍　此金土合而成體開脚短縮脉從中穿形似蜈蚣主富貴清高凡蘆鞭之玄蜈蚣串珠等龍格俱要兩旁有護不然則孤露受風力量單薄發福輕矣

蜈蚣龍格

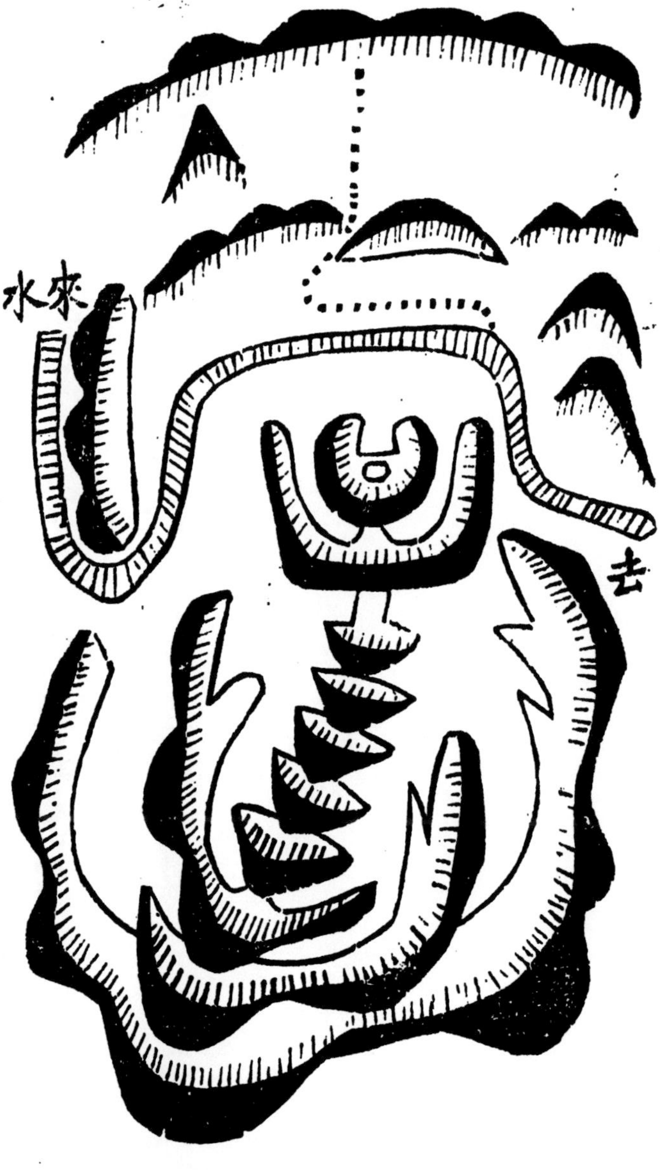

奉天關東印書館排印

貫珠龍　此金星不開脚光圓如珠相連三五七個中
間一線貫穿个數分明主早登科甲男女清貴若星體
緊粘如算盤珠如猪屎節此殺氣未脫主出人凶暴愚
頑

貫珠龍格

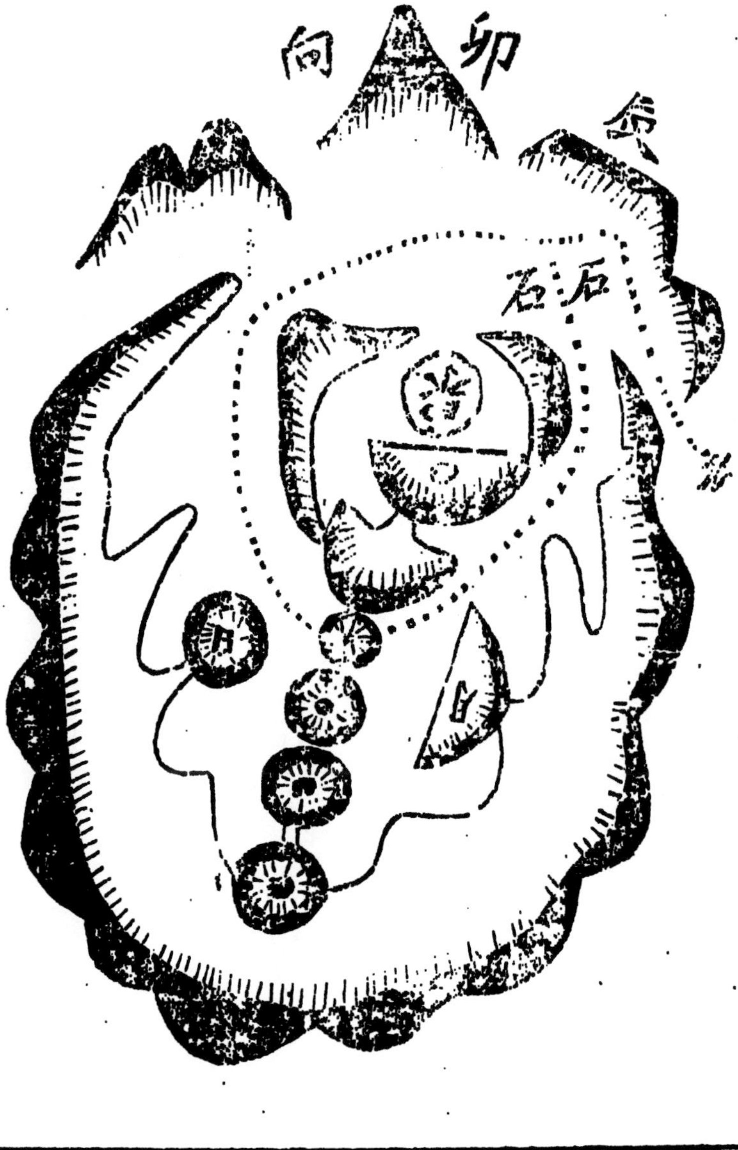

右格在德興縣南長塘祝都諫祖地也其龍自蛟池山五星聚講橫開蓮花大帳帳中出脉磊落數節大斷過峽兩畔太陰太陽夾照復起四節串珠金星太陰結穴穴下泉水如鏡不溢不涸俗呼驪龍戲珠形舒文岡下課云一代伶仃二代平平三四五代科甲連登田連阡陌世沐榮恩吾宗一女必配辰生直言敢諫朝野聞名葬後果初代不利三代生鎮公登高科其孫瀾公丙辰生登進士官都諫給事諫武廟被

撻聲振天下其夫人乃文岡先生從姪女果符直言敢諫吾宗女配辰生之應猶有科第顯官數人富貴悠久誠地靈人傑必然之理也

劍脊龍　此龍仝體直硬形如劍脊與蘆鞭略同但蘆鞭面平有節此龍獨起陰脊如劍直硬無曲下之主殺地師廖公云第一莫下劍脊龍殺師在其中是也業斯術者須於入首處結穴方準若在龍身行度間到頭脫殺下亦無妨

劍脊龍格

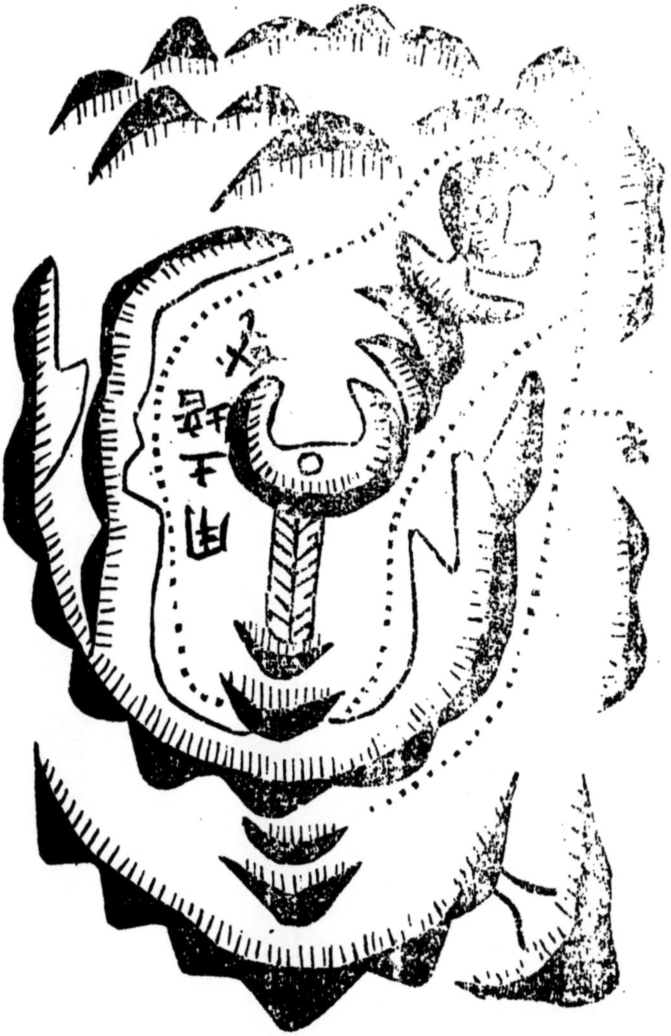

右格在豐城縣東湖茫栖龍山李氏祖地也其龍自招雲嶺火星起祖行度三十餘里不能悉述將入局頓起星峰到頭直硬形如劍脊微開窩壓橫放其棺名曰喞柴葬登穴促迫白虎奔去左畔空缺不入俗眼特遠朝山水完固耳葬後小房科甲聯芳惟長房不發因左邊砂缺故也後遇明師教之用土築一左砂長房父子兄弟亦連登科甲可見裁成輔相能移造化也自宋至今尙書侍郎都憲御史科甲共五十

餘人堪共稱爲世族洵此地鍾靈相傳託宰僧善堪
輿爲李氏相此地葬時約曰俟我返寺鳴鐘方可下
葬不謂行至半途逐龍鱗寺敬神鳴鐘李氏以爲僧歸
遂下葬乃忽然雷震巨聲僧即失蹤鄉人謂僧被雷
斃理或然也彼劍脊龍殺師僧知之而不能避甚是
可惜業斯術者可不慎歟

龍穴三落

凡龍出身離祖不遠即橫開大帳過峽束氣頓起巒頭

結穴名曰初落必須明堂融聚四圍周密入式歌初落近祖山局勢必須完是也
凡龍行度中間分枝起祖開帳過峽星峯磊落入首大展局面頓起巒頭結穴朝山拜於前從山障於後去山轉作用神大龍翻成餘氣登穴只見有我不知有大龍名曰中落入式歌大地腰間落餘枝作城郭是也
凡龍行至將盡未盡之處頓起少祖開帳過峽傳度數節即結穴面前二水交合或據澗溪或臨田畈或翻身

逆水外陽朝拱或撒落平地遠山照應名曰末落必須入首雄偉下手有力乃為佳穴入式歌末落盡頭龍氣勢最豪雄是也

龍穴三受

大龍迢迢遠來特結此穴入首大展局而千山萬水作我用神明堂廣聚外陽寬暢名曰正受此地力大福厚正氣蓬勃鄉間少有至寶經云正龍專受富貴長久是也

大龍遠去分枝起祖自立門戶登穴觀之大龍不爲我用我亦不爲他人用名曰分受即枝龍特結是也

凡大龍過峽纏護上或枝脚餘氣間傍城借勢隨龍代結名曰旁受務要束氣結咽星體端正砂水完固下手有力方爲佳城主小富貴但不悠久耳

論龍餘氣

經云大龍勢湧難頓住結穴已定氣還去蓋大龍氣旺結穴常在四山擁從之間餘氣猶去數百數十里爲正

穴水口關鎖盡頭處亦結小穴切不可認爲末落正結也若是末落必有城郭若是小穴必無大局經云尋龍尋至幹龍窮二水相交穴受風風吹水劫非眞穴追尋到此是疑龍此之謂也

巒頭指迷震部終